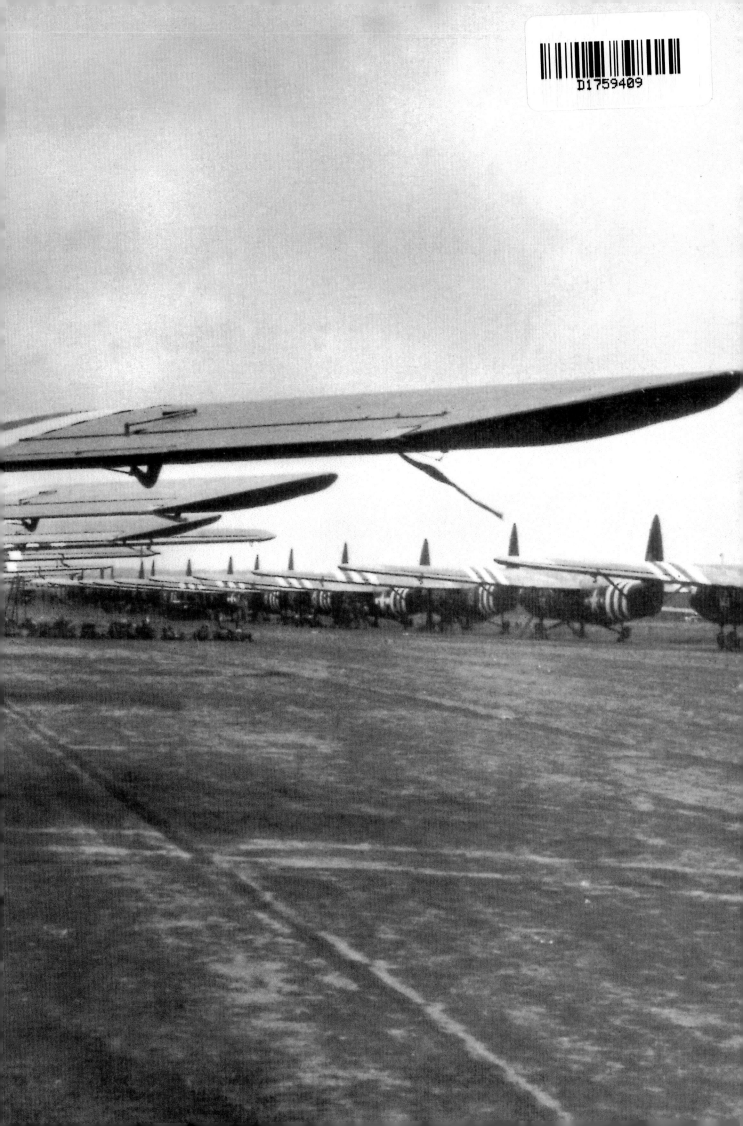

Philippe Esvelin

D-Day Gliders

Les planeurs américains du Jour J

Préface de Robert C.Casey
Traduction : John Lee

HEIMDAL

– Conception : Georges Bernage.

– Réalisation : Jean-Luc Leleu.

– Textes et légendes : Philippe Esvelin.

– Traduction : John Lee.

– Maquette : Francine Gautier.

– Composition et mise en pages : Marie-Claire Passerieu.

– Photogravure : Christian Caïra, Christel Lebret, Philippe Gazagne.

– Iconographie : National Archives, Washington.
                      Silent Wings Museum.
                      Collections privées.

Editions Heimdal - Château de Damigny - BP 61350 - 14406 BAYEUX Cedex - Tél. : 02.31.51.68.68 - Fax : 02.31.51.68.60 - E-mail : Editions.Heimdal@wanadoo.fr

ISBN 2 84048 143 X

A mon grand-père, André Ricordeau, que je n'ai jamais connu, mort le 21 octobre 1945 des suites des violences subies lors de son séjour dans le camp de concentration de Mauthausen en Autriche.

To my grandfather, André Ricordeau, whom I never knew, and who died on October 21, 1945, from violent injuries sustained during his detention at the Mauthausen concentration camp in Austria.

Remerciements

La toute première personne que je tiens à remercier est Robert C. Casey, pilote de planeur, vétéran de la campagne de Normandie, qui fut le premier à me faire partager ses souvenirs et qui me donna l'envie d'écrire ce livre.

Je tiens aussi à citer Darlyle Watters, Victor Matousek et Steve Odahowski pour leur aide et leur exprimer, ainsi qu'à leurs épouses Jeanie, Ellen et Cheryl, ma profonde amitié.

Merci aussi aux responsables de la *National World War Two Glider Pilot Association* et particulièrement Tipton Randolph et George Thies pour m'avoir accueilli lors de leurs réunions annuelles aux Etats-Unis.

Merci à James Mc Cord, conservateur du musée des planeurs de Terrell au Texas pour sa patience et sa disponibilité lors de ma visite en septembre 1998.

Merci à Olivier Quemener pour les cartes géographiques et à Jean-Claude Luque pour les photos d'objets militaires présentés dans ce livre.

Merci aux vétérans suivants pour leur aide : George E. Buckley, Norman W. Chase, Earle S. Draper, George F. Hohmann, Len Lebenson, Emil K. Natalle, Dale Oliver, Howard Parks, Calvin Redfern, Theodore B. Ripsom, Ed Short, Leon Spencer, Jack Welborn, Ray Welty, ainsi qu'à tous les autres qui m'ont donné un peu de leur temps lors des réunions de Tulsa (Oklahoma), de Saint Louis (Missouri) et de Fort Lauderdale (Floride).

De plus, pour l'aide qu'ils ont apportée à cet ouvrage, je tiens à exprimer ma reconnaissance à Henri-Jean Renaud, Yves Tariel, Jean-Xavier de Saint-Jores, Séverine Duval, Emmanuel Allain, Michel De Trez, Claude et Jean Goudard, Milton Dank, Ken Strafer, Henry Z. Steinway.

Merci à toute l'équipe des Editions Heimdal pour leur confiance et leur aide dans l'élaboration de ce livre.

Merci enfin à Gerard M.Devlin, auteur de « *Silent Wings* », ouvrage de référence sur les planeurs américains, pour m'avoir autorisé à utiliser des informations et des photos tirées de son ouvrage.

Acknowledgments

My special thanks to Robert C. Casey, glider pilot and veteran of the Normandy campaign, who was the first to share his memories with me and inspired me to write this book.

I also want to thank Darlyle Watters, Victor Matousek and Steve Odahowski for their help, and to extend my warm regards to them and their wives, Jeanie, Ellen and Cheryl.

My thanks too to the people in charge of the National World War Two Glider Pilot Association and especially to Tipton Randolph and George Thies for the welcome I received at the annual meetings in the United States.

Thanks to James McCord, curator at the Terrell Glider Museum in Texas, for his patience and availability during my visit in September 1998.

Thanks to Olivier Quemener, for the maps, and to Jean-Claude Luque for the photographs of military memorabilia shown in this book.

Thanks to the following veterans for their help: George E. Buckley, Norman W. Chase, Earle S. Draper, George F. Hohmann, Len Lebenson, Emil K. Natalle, Dale Oliver, Howard Parks, Calvin Redfern, Theodore B. Ripsom, Ed Short, Leon Spencer, Jack Welborn, Ray Welty, and everyone else who gave up some of their time at meetings at Tulsa (Oklahoma), Saint Louis (Missouri) and Fort Lauderdale (Florida).

I should also like to thank the following for their contributions to this book: Henri-Jean Renaud, Yves Tariel, Jean-Xavier de Saint-Jores, Séverine Duval, Emmanuel Allain, Michel De Trez, Claude and Jean Goudard, Milton Dank, Ken Strafer, Henry Z. Steinway.

My thanks to all the staff at Editions Heimdal for their confidence and help in preparing this book.

Finally, my thanks to Gerard M. Devlin, author of Silent Wings, a reference work on the American gliders, for permission to use information and photographs from his book.

Préface

Je remercie sincèrement Philippe Esvelin de l'intérêt qu'il porte aux pilotes de planeurs américains et à leur contribution à la victoire en 1945. Cet intérêt est encore plus extraordinaire de la part d'un jeune Français. Mais Philippe est un jeune Français extraordinaire qui est passionné par son sujet et bien décidé à obtenir les renseignements qu'il recherche. J'avoue qu'au début, lorsque nous nous sommes rencontrés pour la première fois, j'ai cru à une lubie passagère. Mais non, il m'a détrompé et son livre a vu le jour. Les pilotes de planeurs américains, et moi-même, lui en sommes vraiment très reconnaissants.

Les pilotes de planeurs américains formaient un groupe assez unique. Quand je dis aux gens que j'étais pilote de planeur pendant la guerre, la plupart, qui savent peu de choses de la guerre, écarquillent les yeux. D'autres, plus au courant, me regardent comme une espèce de fou qui ne devrait plus être là. J'ai bien ri en lisant les commentaires du grand journaliste de télévision, Walter Cronkite, sur son vol à bord d'un planeur. Il disait : « Je vais vous le dire franchement : si vous allez au combat, n'y allez pas en planeur. Allez-y à pied, à quatre pattes, en parachute, à la nage, en bateau, tout ce que vous voudrez. Mais n'y allez pas en planeur ! Moi, je l'ai fait – une fois. »

J'ai rejoint l'*Air Corps* presque aussitôt après Pearl Harbor. On m'a dit qu'il y avait une liste d'attente pour ceux qui souhaitaient suivre une formation de pilote, mais que je pouvais démarrer une formation de pilote de planeur au sein d'une nouvelle unité. Je n'ai pas hésité une seconde. J'ai suivi mon entraînement à Antigo dans le Wisconsin, à Twenty-Nine Palms en Californie, puis à Victorville, toujours en Californie, où j'ai obtenu mon diplôme. Ensuite j'ai été envoyé avec mon unité à Bowman Field (Kentucky) suivre une formation de combat et de tactique au sol, comportant des marches forcées de huit et seize kilomètres chargé de sacs et du fusil, et une instruction sur le maniement de toutes les armes utilisées par les unités aéroportées – BAR, bazooka, «Bangalore torpedo» (contre les barbelés), carabine, fusil M1, mitrailleuse de calibre 50... Nous avions besoin de cet entraînement au cas où nous devions aider les troupes aéroportées durant les combats après l'atterrissage. Si nous n'étions pas pris dans les combats, nous devions retourner à la base aussi rapidement que possible.

En janvier 1944, je partis en Angleterre à bord du *Queen Mary*. A l'approche du débarquement en Normandie, j'avais 21 ans, j'étais célibataire, je ne craignais donc pas grand-chose. Après la Normandie, où j'avais perdu des amis, j'ai commencé à avoir quelques craintes. Je savais que c'était dangereux. Mais nous avons ensuite débarqué en Hollande, puis de l'autre côté du Rhin. Et j'ai eu de la chance. Je ne peux pas dire plus, j'ai eu de la chance, c'est tout. Tout dépendait de l'endroit et de la manière dont on atterrissait. Je suis sûr que c'est grâce aux prières de ma mère que je m'en suis sorti. Nous avons perdu beaucoup d'hommes capables lors des atterrissages manqués ou des collisions entre planeurs. C'est surtout pour avoir perpétué le souvenir de ces hommes, dont certains étaient mes amis, Philippe, que je vous remercie de votre intérêt et de ce livre.

Preface

I sincerely thank Philippe Esvelin for his interest in the U.S. glider pilots and their part in the winning of World War II. It is particularly unusual that a young Frenchman should show such an interest. But Philippe is an unusual young Frenchman with a passion for knowledge of his subject and a determination to get it. To tell the truth, I thought in the beginning when we met, that this interest of his was just a passing fancy. But no, he proved me wrong. He has actually produced a book. And the U.S. glider pilots, including me, truly thank him for it.

The U.S. glider pilots were a pretty unique group. When I tell people that I was a glider pilot during the war, most, who don't know much about the war, just stare. Some, who do know, look at me as if I were some sort of crazy person who shouldn't be standing in front of them. I really laughed when I read Walter Cronkite's comments about his flight in a glider. He said, "I'll tell you straight out : if you've got to go into combat, don't go by glider. Walk, crawl, parachute, swim, float – anything. But don't go by glider ! This comes from one who did it – once."

I enlisted in the Air Corps almost immediately after Pearl Harbor. I was told there was a waiting list for those entering flight training but was offered an opportunity to start training in a new unit – training to become a glider pilot. I jumped at the chance. My training took me to Antigo, Wis., Twenty-Nine Palms, Cal. and Victorville, Cal. After graduating at Victorville, I was sent with my unit to Bowman Field, Ky., for combat training in ground tactics which included five- and ten-mile forced marches with packs and rifle and instructions in how to handle all the firearms used by the Airborne – the BAR, Bazooka, Bangalore torpedo, carbine, M1 rifle, 50-caliber machine gun. This training was necessary in case we had to aid the airborne troops in combat after landings. If we didn't get involved with the combat, we were to return to base as soon as possible.

In January, 1944, I was off to England on the Queen Mary. Come time for the Normandy invasion, being 21 and fancy-free, I had few qualms. After Normandy, where some of my friends were killed, a few qualms set in. I knew this was a dangerous proposition. But we went on to the Holland landings and over the Rhine. And I was lucky. That's all I can say – lucky. It depended on where you landed and how you were able to land. I'm sure my mother's prayers were what got me through. We lost a lot of good men – gliders crashing, gliders colliding. It is primarily for the memory of these men, some of them my friends, Philippe, that I am grateful to you for your interest and for this book.

Robert C. Casey

Sommaire/*Contents*

Introduction

L'opération « Overlord » représente un tournant capital de l'histoire de la Deuxième Guerre mondiale. Le débarquement en Normandie continue, 55 ans après son exécution, d'intéresser de nombreux historiens du fait de l'importance stratégique de cette opération. Aucun débarquement de cette envergure n'avait été tenté auparavant. Toutes les composantes des armées alliées prirent part à cette opération qui fut le point de départ de la libération de notre pays et de toute l'Europe.

Oubliés par l'Histoire, les pilotes de planeurs américains jouèrent un rôle non négligeable dans la réussite de l'opération Neptune, phase d'assaut d'Overlord. Pas toujours considérés comme de vrais pilotes, rien ne fut écrit sur leur parcours militaire. De leur incorporation aux Etats-Unis jusqu'aux combats de Normandie, ce livre retrace, au travers de documents et de témoignages, l'engagement de ces hommes qui utilisèrent le planeur comme moyen militaire de transport de troupes sur les champs de batailles.

Operation Overlord was a watershed in the history of World War Two. 55 years on, owing to their strategic importance, the Normandy landings continue to attract numerous historians. No landing had ever been attempted on such a scale before. Every component of the Allied armies took part in this operation, which was the springboard for the liberation of France and the rest of Europe.

Neglected by historians, the American glider pilots played a significant role in the overall success of Operation Neptune, the assault phase of Overlord. They were not always regarded as being proper pilots, and nothing was written about their military career. From being called up in the United States to the fighting in Normandy, this book calls upon documents and eyewitness accounts to recount the commitment of these men who used the glider as a military vehicle to transport troops onto the field of battle.

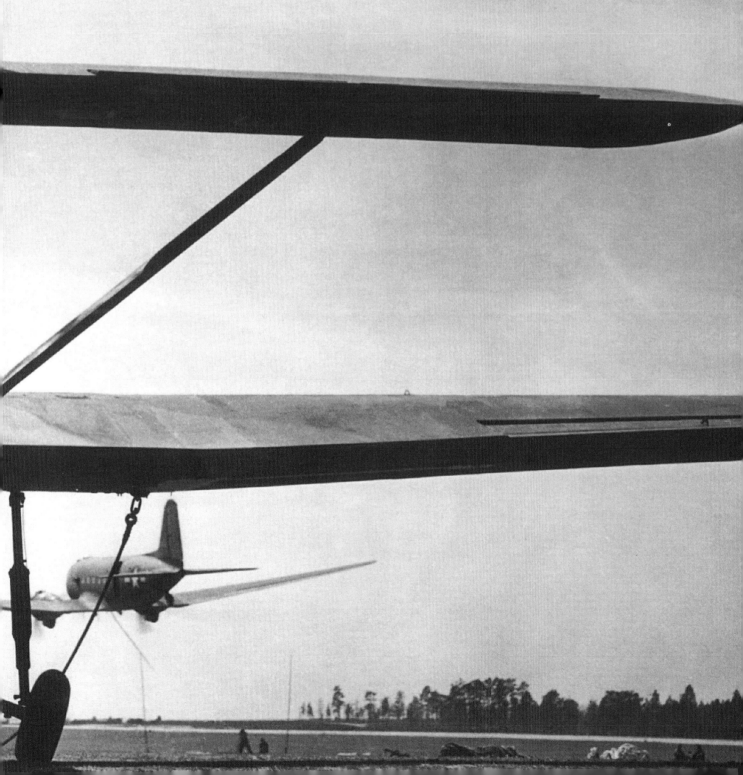

Première partie :
Avant l'assaut

Part one :
Before the Assault

Les pionniers

Voler, l'homme en a peuplé ses mythes et ses légendes.

Il est absolument impossible de savoir précisément où et quand l'homme eut l'idée pour la première fois d'imiter l'oiseau. Au temps des pharaons d'Egypte, des artistes représentaient des hommes avec des ailes et ce 3 000 ans avant J.C. La mythologie grecque, quant à elle, évoque l'histoire d'Icare et de son père Dédale. Selon la légende, ils étaient tous deux détenus dans une prison sur l'île de Crête par le roi Minos. Ils décidèrent de s'échapper et fabriquèrent des ailes faites de plumes et de cire. Avant de s'envoler, Dédale conseilla à son fils de voler au raz de l'eau jusqu'à ce qu'ils aperçoivent la Sicile. Cependant, juste après s'être envolés au-dessus des murs de la prison, Icare, tellement émerveillé par son habileté à voler, oublia le conseil de son père et se mit à grimper de plus en plus haut dans le ciel. Seulement, la chaleur du soleil ramollit la cire et déstructura ses ailes, ce qui l'entraîna dans la mer où il se noya. Dédale lui, volant au raz de l'eau, arriva jusqu'en Sicile sans dommage.

Bien que l'histoire d'Icare et Dédale ne soit qu'un mythe, une incroyable coïncidence fera que ces deux îles seront le théâtre d'opérations militaires en 1941 et 1943, à un moment où les planeurs auront une importance primordiale.

Inspirés par le succès de Dédale, de nombreux inventeurs essayeront de voler à sa manière en fabriquant des ailes en bois couvertes de plumes ou de tissus. Les tests d'envols à partir des toits des maisons ou de collines causèrent souvent leur mort.

Léonard de Vinci, aussi intéressé par les inventions que par la peinture, se rendit compte que le rêve de l'homme de voler comme un oiseau par le battement de ses bras était voué à l'échec du fait de leurs différences anatomiques. Léonard de Vinci dessina un appareil ayant des ailes rigides et non

fixées au bras du pilote, celui-ci étant suspendu en dessous et pouvant contrôler la direction grâce à des câbles reliés à des volets. On ne sait pas s'il le fabriqua un jour, mais ses recherches consignées sur de nombreux feuillets permirent à d'autres de mieux comprendre les théories fondamentales du vol.

Le premier homme à s'être élevé dans les airs est un Français : Jean-François Pilâtre de Rozier. Les premiers essais furent réalisés dans les jardins du fabricant de papiers peints Réveillon, rue de Montreuil à Paris, le 15 octobre 1783. Ce jour-là, à 17 h 21, utilisant un aérostat fabriqué par Etienne Montgolfier, il s'éleva à 80 pieds d'altitude pendant 4 minutes 25 secondes. Il réitéra l'exploit le 21 novembre de la même année en compagnie du Marquis d'Arlandes en effectuant un vol de 25 minutes du jardin de la Muette jusqu'à la Butte aux Cailles. Il trouva la mort dans l'incendie de son ballon au cours d'une tentative de traversée de la Manche le 15 juin 1785.

En 1890, un ingénieur en mécanique allemand âgé de 42 ans, Otto Lilienthal, publia un livre volumineux *« Der Vogelflug als Grundlage für Fliegerkunst »* (Le vol des oiseaux considéré comme la base de l'art de voler) rassemblant ses dix ans de recherches sur l'observation de la manière de voler de diverses espèces d'oiseaux et sur les différences morphologiques expliquant l'impossibilité de l'homme à effectuer des battements de bras rapidement.

Au printemps 1891, aidé par son frère Gustav, Otto commença une série de tests avec un appareil fabriqué autour d'une armature en bois de saule recouverte de diverses toiles collées entre elles par de la cire. Ce monoplan à empennages arrières présentait une surface de 16 m² pour un poids de 20 kilogrammes. Le contrôle du vol était assuré par le seul déplacement du pilote.

A partir d'une colline des alentours de Berlin, Otto descendait en courant, la vitesse lui permettant de pouvoir relever ses jambes et de voler sur quelques mètres.

Otto Lilienthal sur un de ses engins. (Musée de l'Air et de l'Espace.)

Otto Lilienthal on one of his machines.

Portrait d'Otto Lilienthal. (Musée de l'Air et de l'Espace.)
Portrait of Otto Lilienthal.

Tout au long des années suivantes, Otto Lilienthal modifia son appareil et apprit à mieux utiliser le vent. Pendant un de ses tests le 9 août 1896 près de Rhinow, il perdit le contrôle de son appareil et s'écrasa. Il mourut le lendemain dans un hôpital de Berlin après avoir dit à sa famille : « *Il est des sacrifices qu'il faut savoir consentir.* » Lilienthal avait conservé tous ses commentaires dans des livres et avait toujours autorisé d'éventuels photographes à prendre des clichés de lui pendant ses essais.

Peu de temps avant sa mort, il s'était longuement entretenu avec un jeune Ecossais, Percy Pilcher, lui aussi passionné par la recherche aéronautique. A son retour à Eynsford dans le Kent, en Angleterre, Pilcher fabriqua successivement quatre appareils baptisés : « *Bat* » (chauve-souris), « *Beetle* » (scarabée), « *Gull* » (mouette), « *Hawk* » (aigle), directement inspirés des plans de Lilienthal. Pour le « *Hawk* », Pilcher rajouta des roues, ce qui lui permettait d'être tracté par des chevaux et de prendre plus de vitesse. Grâce à cette méthode, il put décoller et voler sur 300 mètres.

Le 30 septembre 1899, lors d'un vol avec le « *Hawk* », une structure en bambou de son planeur céda et il s'écrasa en connaissant le même destin que Lilienthal.

La mort de ces deux pionniers de l'aviation mit un coup d'arrêt aux expérimentations pendant une dizaine d'années. Au même moment, aux Etats-Unis, Octave Chanute, un ingénieur des Ponts et Chaussées, utilisa ses connaissances techniques afin d'apporter quelques modifications aux plans de Li-

Reproduction de l'engin fabriqué par Otto Lilienthal pour ses premiers essais. (Photo de l'auteur.)
Reproduction of the machine built by Otto Lilienthal for his early trials.

The pioneers

Human myths and legends are full of tales of flying.

We have no way of knowing exactly when man first entertained thoughts of imitating birds. Already, 3000 years before Christ, during the age of the Pharaohs of Egypt, artists were depicting men with wings. And from Greek mythology we have the story of Icarus and his father Daedalus. Legend has it that they were both held by King Minos as prisoners on the island of Crete. They decided to escape and made themselves wings out of feathers and wax. Before they took off, Daedalus warned his son to stay low over the water until they sighted Sicily. However, no sooner had they flown over their prison walls than Icarus was so exhilarated by his ability to fly that he forgot his father's advice and began to climb higher and higher up in the sky. Unfortunately the heat of the sun melted the wax and so his wings fell to pieces and he fell into the sea and drowned. Staying close the water, Daedalus made good his escape to Sicily.

Although this story of Icarus and Daedalus is no more than a myth, by some unlikely quirk of fate, these two islands were to be the theater of military operations in 1941 and 1943, at a time when gliders had a crucial role to play.

Inspired by Daedalus's success, many inventors tried to follow his example by making wings in wood covered with feathers or other material. Their test flights, from housetops or hilltops, often proved fatal.

Leonardo da Vinci, who was no less interested in his inventions as in painting, realized that, owing to their anatomical differences, man's dreams of flying by flapping his arms like a bird had no chance of success. Leonardo designed an appliance with rigid wings not fixed to the arms of the pilot, who was suspended underneath them with cables connected to flaps to enable him to steer himself. Whether or not his design ever got off the drawing-board, by studying the many sheets on which he consigned his research, others gained a better insight into the basic theory behind flight.

The first man to take off into the air was a Frenchman: Jean-François Pilâtre de Rozier. The first trials were conducted in the gardens of the wallpaper manufacturer, Réveillon, in the Rue de Montreuil in Paris, on October 15, 1783. On that day, at 5.21 p.m., he rose to an altitude of 80 feet for 4 minutes and 25 seconds, using an aerostat made by Etienne Montgolfier. He repeated this feat on November 21 of the same year, along with the Marquis d'Arlandes, in a 25-minute flight from the Jardin de la Muette to the Butte aux Cailles. He lost his life when his balloon caught fire during a cross-Channel attempt on June 15, 1785.

In 1890, a 42-old German mechanical engineer called Otto Lilienthal published a hefty tome, "Der Vogelflug als Grundlage für Fliegerkunst" (Bird flight considered as a basis for the art of flying) containing his ten years of research observing the flights of various breeds of birds and the morphological differences that account for man's inability to flap his arms quickly.

In the spring of 1891, with the help of his brother Gustav, Otto began a series of tests with a device built around a willow frame covered with sheets of fabric joined together with wax. This monoplane had stabilizers

lienthal. Il fabriqua un planeur à deux ailes superposées en renforçant sa structure rigide et en calculant scientifiquement les angles d'attaches entre elles. De plus, Chanute découvrit l'importance d'ajouter une queue verticale afin de stabiliser le planeur en vol. Agé de 63 ans en 1896 lorsqu'il commença ses essais, il restera dans l'histoire non pas comme un inventeur génial, mais plutôt comme quelqu'un ayant largement financé et encouragé les recherches d'autres pionniers de l'aviation plus jeunes que lui, et notamment Orville et Wilbur

Wright de Dayton dans l'Ohio. Après avoir étudié les travaux de Lilienthal, ils commencèrent à partir de 1899 une série de tests. Leur problème n'était pas de quitter le sol mais d'arriver à rester en l'air et de contrôler leur machine en vol. Il construirent un planeur très proche dans sa conception de celui plus imposant de Chanute. Cependant, les frères Wright installèrent un système de volets au bout des ailes permettant de changer de direction. Ainsi, ils pouvaient les manœuvrer grâce à des câbles et non plus en déplaçant le poids du corps comme sur celui de Lilienthal. Ils l'appelèrent « N° 1 Glider » et, à l'automne 1900, commencèrent leurs essais à Kitty Hawk, en Caroline du Nord, une station balnéaire très venteuse. Ils s'acharnèrent pendant des mois à comprendre les contraintes qu'ils devaient surmonter. Pendant dix ans, ils effectuèrent de multiples modifications sur les diverses variantes de leurs planeurs.

Ils effectuèrent plus de 400 vols, tous ne durant que quelques secondes. Le 17 décembre 1903, ils installèrent un moteur 4 cylindres de 12 Cv de leur fabrication sur un de leurs engins baptisé le « Flyer 1 ». A 10 h 35 le même jour, Orville Wright décolla à une dizaine de mètres du sol et réussit à maintenir son appareil en l'air pendant 12 secondes en parcourant 125 mètres. Il venait de réaliser le premier vol de l'histoire de l'aviation motorisée. Wilbur et Orville Wright continuèrent pendant quelques temps le développement d'appareils à moteurs mais revinrent à leurs premières amours.

En 1911, ils retournèrent à Kitty Hawk afin d'essayer un planeur doté d'un nouveau système de stabilisation. Le 24 octobre de la même année, Orville Wright, à l'étonnement général, effectua un vol d'une durée de 9 minutes et 45 secondes. Ce record allait rester inégalé pendant plus de 10 ans.

A cette époque aux Etats-Unis, la popularité des frères Wright était due à l'exploit d'avoir créé un engin volant à moteur. Cette découverte fit de nombreux émules à travers tout le pays. Cependant, tout comme eux, certains restaient passionnés par les planeurs. Parmi eux, le professeur John J. Montgomery du collège des Jésuites de Santa Clara en Californie. Il dessina et fabriqua un appareil

Photo du cascadeur Daniel Maloney. (National Air and Space Museum.)

Photo of stuntman Daniel Maloney.

———————

doté de volets à l'arrière permettant de mieux contrôler la descente. Après avoir effectué des tests à basse altitude et modifié quelques instruments, il décida de présenter son invention au public. Ainsi, il demanda de l'aide à un aérostier, Ed Unger, afin d'organiser une démonstration de vol à partir d'un de ses ballons dirigeables. Le 29 avril 1905, il engagea un cascadeur travaillant dans un cirque, Daniel Maloney, afin qu'il monte dans son planeur baptisé le « *Santa Clara* ». 15 000 personnes étaient réunies pour assister au lâcher à haute altitude de ce planeur suspendu sous le ballon dirigeable. A 1 200 mètres d'altitude, le planeur se détacha du ballon et commença sa descente vers le sol. Après avoir retenu son souffle pendant quelques secondes, la foule applaudit pendant toute la démonstration. Maloney virevolta longuement et posa le « *Santa Clara* » sans incident à quelques centaines de mètres de son point de décollage. Exalté par le succès de sa démonstration, le professeur Montgomery construisit quatre répliques de ce planeur et partit en démonstration tout l'été sur la côte californienne. Pendant l'une d'elles, le 18 juillet 1905, une des ailes se plia en deux suite à la rupture d'un montant de bois. Des centaines de spectateurs furent témoins du crash mortel de Maloney. Montgomery lui-même mourra six ans plus tard lors d'un crash à faible altitude. Malgré le lourd tribut payé par ces pionniers, quelques entreprises se mirent à partir de 1909 à fabriquer des planeurs. Dans l'édition de novembre 1910 du magazine « *Aeronautics : the american magazine of aerial locomotion* », le fabricant

at the stern, had a surface area of 16 m² and weighed 20 kilograms. Flight control was done entirely by movements of the pilot.

Otto ran down a hill not far from Berlin, picking up enough speed to raise his legs and fly for a few yards.

In the years that followed, Otto Lilienthal made modifications to his appliance and learned to use the wind better. During one such test, near Rhinow on August 9, 1896, his appliance went out of control and crashed. He died the following day in a Berlin hospital after telling his family, "There are some sacrifices one has just got to make." Lilienthal had noted down all his comments in his books and had always allowed any photographers to take pictures of him during his trials.

Not long before he died, he had a long conversation with a young Scot, Percy Pilcher, another one with a keen interest in aeronautical research. Back home in Eynsford in Kent, Pilcher built one after the other four appliances directly inspired by Lilienthal's drawings, calling them Bat, Beetle, Gull and Hawk. For the Hawk, Pilcher added wheels so as to gain extra speed by being drawn by horses. Using this method, he was able to take off and fly for a distance of 300 meters.

On September 30, 1899, when flying the Hawk, a bamboo structure on his glider snapped and he crashed, thus meeting the same fate as Lilienthal had.

The death of these two pioneers of aviation put a stop to such experiments for about ten years. During this same period, in the United States, a highways engineer called Octave Chanute used his technical knowhow to make a few modifications to Lilienthal's plans. He made a glider with two sets of wings one above the other, reinforcing the rigid frame, and calculating scientifically at what angle they should be joined together. Chanute also discovered the importance of adding a vertical tailpiece to stabilize the glider during flight. Aged 63 in 1896 when he began his trials, he will be remembered not as an inventor of genius, but as the man who largely financed and encouraged younger pioneers of human flight, among them Wilbur and Orville Wright of Dayton (Ohio). After studying Lilienthal's work, they launched a series of tests, starting in 1899. Their problem was not getting off the ground, but staying in the air and controlling their machine during flight. They built a glider on lines very similar to Chanute's largest machine. However the Wright brothers fitted a flap system onto the wing tips enabling them to change direction. This meant they could maneuver with cables rather than moving their weight as with Lilienthal's. This was their "N° 1 Glider" and they began testing it in the autumn of 1900, at Kitty Hawk, a very windy seaside resort in North Carolina. There they spent months working out the stresses they needed to overcome. For ten years they made all kinds of adjustments to the different variations on their glider, making over 400 flights, none lasting more than a few seconds. On December 17, 1903, they mounted a home-made 12 HP 4 cylinder engine onto one of their craft named Flyer 1. That same day, at 10.35 a.m., Orville Wright took off to a height of around 10 meters and managed to hold his craft in the air for 2 seconds, covering a distance of 125 meters. He had just performed the first ever powered flight in the history of aviation. Wilbur and Orville Wright continued to develop powered aircraft for a while, but later returned to their first love.

In 1911, they returned to Kitty Hawk to try out a glider with a new stabilizer system. On October 24 of that same year, Orville Wright astonished everyone with a flight lasting 9 minutes and 45 seconds, a record that remained unequalled for over 10 years.

The Wright brothers owed their popularity in the United States at this time to the feat of having designed a powered flying machine. This discovery was emulated by a host of others across the country. Meanwhile, others like themselves remained glider enthusiasts. They included Prof. John J. Montgomery, who taught at the Jesuit college at Santa Clara in California. He designed and produced an appliance fitted with flaps in the tail giving better control when descending. Following low altitude tests and modifications to a few instruments, he decided to present his invention to the public. For this, he enlisted aeronaut Ed Unger to help him organize a demonstration flight from one of his dirigible balloons. On April 29, 1905, he hired Daniel Maloney, a circus stuntman, to go up in his glider, named the "Santa Clara". A crowd of 15,000 gathered to watch the glider, hooked under the dirigible balloon, released from a great height. At an altitude of 1200 meters, the glider pulled free of the balloon and began its descent to the ground. After holding their breath for a few seconds, the crowd clapped it all the way down. Maloney twisted and turned at length and then landed the "Santa Clara" safely just a few hundred yards from where he had taken off. Flushed with the success of this demonstration,

On aperçoit sur cette photo le système de cordes en V permettant au planeur d'être tiré afin de prendre son envol. (Coll. Heinrich Schiermeyer.)

On this photograph we see the V-shaped wire system for towing the glider for take-off.

d'avions « C. and A. Whitman Company » fit paraître une publicité montrant la photo d'un avion devant leur usine de Staten Island (New York), ainsi qu'une autre de leur planeur en vol. Dans la même édition, on rapportait l'achat d'un engin fabriqué par la « Church aeroplane company », de Brooklyn par D.A. Kramer, un champion cycliste, très populaire à l'époque. Cet article expliquait que, tiré par une automobile, Kramer se détachait à une altitude de 25 mètres et atterrissait sans incident après avoir effectué quelques virages.

Parallèlement, le développement des appareils à moteur s'accélérait et les avions allaient s'illustrer à l'occasion de la Première Guerre mondiale.

Pendant cette période, les journaux des nations belligérantes rapportaient les exploits des jeunes pilotes de chasse dont les héroïques combats servaient à entretenir le moral des citoyens. Même dans les pays neutres, les quotidiens évoquaient ces aventures, notamment les exploits de Richthoffen dès 1916. A la fin du premier conflit mondial, les nations victorieuses continuèrent à développer leurs forces aériennes et créèrent parallèlement des compagnies aériennes commerciales. En 1919, le traité de Versailles interdit à l'Allemagne vaincue de se doter d'une aviation militaire.

Sa puissante armée de 6 millions d'hommes devait être réduite à 100 000 hommes sans possibilité d'avoir des avions de guerre. Cependant, aucune mention précise n'interdisait l'utilisation des planeurs. Ainsi, dès l'été de la même année, de très nombreux clubs de vol à voile virent le jour dans toute l'Allemagne. Ils utilisaient un petit engin simple de conception mais très ludique appelé le « Zögling ». La technique de décollage était très particulière. En effet, deux cordes élastiques partaient du nez de l'appareil en formant un V. Au moment de l'envol, deux groupes dévalaient la pente en tirant leur corde respective et lorsque celles-ci étaient tendues au maximum, deux personnes chargées de retenir le planeur vers l'arrière lâchaient prise et il était catapulté dans les airs. Ce hobby devint en peu de temps un véritable sport national. Au début des années 20, les progrès dans la mise au point et dans la fiabilité des planeurs permit à Oskar Ursinius, éditeur du magazine *Flugsport*, d'organiser la première compétition de vol sur le mont Wasserkuppe, endroit très prisé par les testeurs de prototypes.

Le magazine *Flugsport* choisit le mois d'août pour commencer cette compétition en raison du vent idéal en cette saison : de grosses sommes d'argent étaient promises afin de récompenser les gagnants. Plusieurs prix étaient attribués : le vol le plus long en distance, le plus long temps de vol, le plus acrobatique...

Pour sa première édition, 24 pilotes allemands s'inscrivirent afin de comparer leur agilité en vol. Toutes les sortes de planeurs étaient représentées, du modèle de Lilienthal jusqu'aux dernières évolutions du « Zögling ». La compétition dura pendant tout le mois d'août et la ferveur des spectateurs resta intacte. Malheureusement, cette exhibition fut entachée par la chute mortelle d'un jeune pilote de 20 ans, Eugène von Loessl, qui perdit le contrôle de son appareil après une forte bourrasque de vent. Cette année-là, ce fut un pilote vétéran de la Première Guerre mondiale, Wolfgang Klemperer, qui remporta la plupart des prix grâce à son planeur, le « *Schwarzer Teufel* » (diable noir).

Fabriqué à l'institut de technologie d'Aachen (Aix la Chapelle) par un groupe d'étudiants sous la houlette du professeur Erich von Karmen, ce planeur réussit un vol d'une longueur de 1 830 mètres. Klemperer remporta la plupart des compétitions au cours des années 20 sur cet appareil.

L'année d'après, un jeune pilote, Friedrich Harth, apporta quelques modifications au planeur utilisé l'année précédente par Klemperer et présenta un engin ayant un ratio de vol de 1 pour 16, c'est-à-dire que pour un pied d'altitude perdu, le planeur parcourait une distance de 16 pieds. Grâce à ce planeur, Harth réussit pour la première fois à rester en l'air plus de 21 minutes en virevoltant dans le ciel. Désormais, planer n'était plus seulement voler tout droit mais il devenait possible d'évoluer dans les airs. Pour l'anecdote, Harth avait conçu son planeur grâce à l'aide d'un jeune ingénieur de 23 ans, Willi Messerschmidt, qui connaîtra ses heures de gloire sous le régime nazi. Grâce à toute la publicité faite autour des exploits de ces pionniers, le vol libre devint le sport le plus populaire des années 20.

Au cours de la même période, les Américains purent sans restriction se lancer dans la recherche et le développement d'avions à moteur et délaissèrent les planeurs dont le développement fut par conséquent ralenti. Seuls quelques passionnés continuèrent à en construire. Parmi eux, William Hawley Bowlus, mécanicien sur avions pendant la Première Guerre mondiale, qui intégra à son retour la « *Ryan Aircraft Company* » de San Diego (Californie) et en devint en 1927 l'un des directeurs. Cette même année, il reçut un télégramme d'un jeune pilote alors inconnu, Charles Lindbergh, lui demandant de lui construire sous deux mois un avion capable de traverser l'Atlantique. Impressionné par le challenge, Bowlus supervisa lui-même la construction du « *Spirit of Saint Louis* » qui permit à Lindbergh d'effectuer sa traversée sans escale de l'Atlantique, le 20 et 21 mai 1927, couvrant les 5 800 km en 33 heures et 30 minutes. Malgré la reconnaissance qu'il tira de sa participation à cet exploit, Bowlus reprit la construction de planeurs et réalisa, le 19 octobre 1929, à bord du « *Falcon* », le record de durée en vol d'une heure et 20 minutes au-dessus de Point Loma, près de San Diego. Peu de temps après, Bowlus décida de créer sa société, la « *Bowlus Sailplane Company Limited* » afin de pouvoir se consacrer pleinement à sa passion. Et c'est sur une de ses machines que Charles Lindbergh effectua le 29 janvier 1930 un vol d'une heure lui permettant d'être le 9e aux Etats-Unis à recevoir le « *C* » *Soaring Certificate* de la F.A.I (Fédération Aéronautique Internationale).

Afin de fédérer les divers clubs de planeurs aux Etats-Unis, W.B. Mayo créa à Détroit la « *National Glider Association* » avec l'aide de Robert T. Walker, un ingénieur de la division aéronautique de *Ford Motor Company*. Ils décidèrent de trouver un emplacement idéal dont le relief et les vents permettraient d'organiser la première compétition nationale, presque 10 ans après les Allemands. Cependant, l'avis d'un expert du vol sur planeur était indispensable afin de trouver un tel lieu et ils contactèrent Wolfgang Klemperer qui avait immigré aux Etats-Unis depuis quelques années et travaillait au département aviation de la *Goodyear Rubber Company*. Celui-ci fut honoré d'une telle mission et se mit à la recherche de l'emplacement idéal. Après avoir étudié les cartes topographiques et avoir voyagé dans tout le pays, il conclut que la ville d'Elmira, dans l'Etat de New York, présentait les meilleures dispositions. Ainsi, du 21 septembre au 5 octobre 1930, le premier concours de vol sur planeurs s'y déroula dans l'indifférence quasi générale du grand public. 24 pilotes se présentèrent à cette première compétition et c'est Albert E. Hastings de Los Angeles qui remporta le trophée devant Warren E. Eaton. De son côté, l'*Army Air Corps* refusait d'envoyer des observateurs assister à ces compétitions, n'y voyant pas d'intérêt particulier.

La crise de 1929 et ses conséquences ne fut pas fatale à l'expansion des planeurs aux Etats-Unis, bien au contraire, car il représentait un loisir infiniment moins coûteux que l'avion dont le marché s'écroula pendant cette période.

En 1932, la *National Glider Association* fut remplacée par la *Soaring Society of America* dirigée par Warren E. Eaton. Il s'occupa de trouver les financements nécessaires à l'organisation des compétitions et des démonstrations. Il fut aidé en cela par un passionné de planeurs, Richard C. Dupont, un

Professor Montgomery constructed four copies of the glider and set off demonstrating them all that summer along the coast of California. During one of these, on July 18, 1905, one of the wings folded in two after a wooden strut snapped. Hundreds of spectators saw Maloney's fatal crash. Montgomery himself was killed six years later in a crash at low altitude. Despite the heavy tribute paid by these pioneers, starting in 1909, a few companies began to manufacture gliders. In the November 1910 issue of Aeronautics : "the American magazine of aerial locomotion", the aircraft manufacturer C. and A. Whitman Company published an advertisement with a photo of an aeroplane in front of their factory at Staten Island (New York), and another one of a glider in flight. The same issued also carried a report on the purchase of a craft manufactured by the "Church aeroplane company" of Brooklyn by D.A. Kramer, a cycling champion who was very popular at the time. The article explained how Kramer, towed by an automobile, cut himself loose at a height of 80 feet and did a few turns before making a safe landing.

Meanwhile, with the increased growth of the powered machines, aeroplanes got a chance to show themselves off to good effect during World War I.

During this period, the warring nations' newspapers reported the feats of the young fighter pilots whose heroic battles helped to maintain morale among the population. Even in the neutral countries, their adventures appeared in the dailies, especially the Richthoffen's exploits as early as in 1916. At the end of World War I, the victorious nations continued to develop their air forces, as well as setting up commercial airlines. In 1919, the Treaty of Versailles prohibited the defeated Germany from having a military air force.

Its powerful army of 6 million men had to be reduced to 100,000 men without the possibility of having any warplanes. However, no specific reference was made to gliders. This led, that same year, to a great many gliding clubs sprouting up all over Germany. They used an appliance with a pretty basic design but fun to fly, called the "Zögling". It used a very unusual take-off technique involving two elastic ropes coming out of the nose in a V-shape. To take off, two groups would run down the hill pulling their respective ropes, and when the ropes were fully taut, two people holding the glider back would let go and it was catapulted into the air. In no time this pastime became something of a national sport. During the early twenties, advances in glider development and reliability were such that Oskar Ursinius, the editor of the magazine Flugsport, felt able to organize the first ever flying competition on Mount Wasserkuppe, a favorite spot with people testing prototypes.

Flugsport picked on August to hold this competition owing to the ideal winds during that season. Large sums of money were promised as a reward for the winners. There were several prizes : a prize for flying the greatest distance, for the longest time, the most acrobatically, etc. In its first year, 24 German pilots entered the competition to compare their flying skills. All kinds of gliders were entered, from the Lilienthal model to the very latest Zöglings. The competition lasted all month and kept up spectator interest to the end. Unfortunately, this exhibition was marred by the fatal fall of a young 20-year-old pilot, Eugène von Loessl, who lost control of his glider in a violent gust of wind. Most of the prizes that year were taken by a World War I veteran pilot, Wolfgang Klemperer, in his "Schwarzer Teufel" (black devil) glider.

Made at the technology institute at Aachen (Aix la Chapelle) by a group of students working under Prof. Erich von Karmen, this glider made a successful flight over a distance of 6000 feet. With this machine, Klemperer won most of the competitions held during the 1920s.

The following year, a young pilot named Friedrich Harth made a few modifications to the glider and presented one with a gliding angle of 1 in 16, meaning that for every foot of altitude lost, the sailplane covered a distance of 16 feet. With this glider, for the first time Harth managed to stay airborne, twisting and turning in the sky for over 21 minutes. From now on, gliding was no longer just about flying in a straight line, as it became possible to follow a course in the air. Incidentally, Harth designed his glider with the help of a young 23-year-old engineer, Willi Messerschmidt, later to come into the limelight under the Nazi regime. Thanks to all the publicity given to the feats of these pioneers, free flight became the most popular sport of the twenties.

During the same period, the Americans could embark unreservedly on research and development of motor-powered airplanes, and so turned away from gliders, which saw their own development slowed down as a result. Only a few very keen enthusiasts carried on making gliders. One

Planeur destiné à être utilisé par les Allemands pour les Jeux olympiques de Finlande en 1940. (Coll. Heinrich Schiermeyer.)

Glider destined for use by the Germans for the Olympic Games in Finland in 1940.

descendant du fondateur de la société de produits chimiques dont la fortune et les relations permirent à l'association de prendre de l'envergure.

De plus, Warren E. Eaton permit à cette organisation d'être reconnue et agréée par la FAI (Fédération Aéronautique Internationale) pour l'homologation des records. Il se tua le 1ᵉʳ décembre 1934 à Miami lors d'une démonstration. En 1937, Richard Dupont gagna pour la 3ᵉ fois la compétition d'Elmira et devint la même année président de la *Soaring Society of America*. Il installa comme adjoint Lewin B. Barringer et aucun d'eux ne savait encore qu'ils allaient jouer un rôle primordial dans la future utilisation militaire des planeurs.

En Allemagne, l'accession au pouvoir d'Adolf Hitler représenta un tournant dont on ne connaissait pas encore l'ampleur. Il installa à la tête du ministère de l'Air un de ses proches, Hermann Göring, ancien pilote vétéran de la Première Guerre mondiale, qui organisa dans l'ombre la structure de la future armée de l'Air du Reich : la *Luftwaffe*. Il ordonna que tous les clubs de planeurs du pays soient mis sous l'égide d'une nouvelle organisation contrôlée par son minis-

Ci-dessus : Hermann Göring, Ministre de l'Air du Reich. (Coll. Heimdal.)

Above : *Hermann Goering, Air Minister of the Reich.*

Ci-dessous : 1937, Walter Schad s'entraîne à piloter un SG 38. Il entrera dans la *Luftwaffe* et sera capitaine médecin du 6ᵉ Régiment parachutiste allemand qui combattra les troupes aéroportées américaines dans le secteur de Carentan le 6 juin 1944. (Coll. Walter Schad.)

Below : *1937, Walter Schad trains in flying an SG 38. He joined the Luftwaffe and became a captain and medical officer with the German 6th Parachute Regiment which fought against the U.S. airborne troops in the Carentan sector on June 6, 1944.*

of these was William Hawley Bowlus, an aircraft mechanic during World War I who on his return home joined the Ryan Aircraft Company of San Diego (California), becoming a director of that company in 1927. That same year he received a telegram from a then unknown pilot, Charles Lindbergh, asking him to build within two months an airplane capable of crossing the Atlantic. Bowlus rose to the challenge, and personally supervised construction of the "Spirit of Saint Louis" in which Lindbergh made his successful non-stop crossing of the Atlantic on May 20 and 21, 1927, covering the 5,800 km in 33 hours and 30 minutes. Despite the recognition he gained from his involvement in this exploit, Bowlus went back to making gliders, and on October 19, 1929, aboard the Falcon, set a new record with a flight lasting one hour and 20 minutes over Point Loma, near San Diego. Not long afterwards, Bowlus decide to set up his own business, the Bowlus Sailplane Company Limited, so as to devote all his time to his passion. It was on one of his machines that Charles Lindbergh, on January 29, 1930, performed a one-hour flight, making him the 9th man in the United States to obtain the "C" Soaring Certificate from the F.A.I (Fédération Aéronautique Internationale).

With a view to federating the various sailplane clubs in the United States, W.B. Mayo set up in Detroit the "National Glider Association" with the help of Robert T. Walker, an engineer with the Ford Motor Company's aeronautics division. They decided to find the ideal spot where the wind and the lie of the land would be suitable for holding the country's first competition, almost ten years after the Germans. However, to find such a place they needed advice from a gliding expert, and so they contacted Wolfgang Klemperer who had immigrated to the United States a few years earlier and was working for the aviation department of the Goodyear Rubber Company. Klemperer was honored with such an assignment and began looking around for the ideal spot. After studying topographical maps and scouring the entire country, he decided that the town of Elmira, in New York State, offered the best layout. So that was where the first gliding competition was held, from September 21 to October 5, 1930, to the almost total indifference of the general public. 24 pilots entered this first competition, and the trophy was won by Albert E. Hastings of Los Angeles, with Warren E. Eaton in second place. The Army Air Corps saw no particular reason to send observers to watch these competitions and refused to do so.

En haut : Vue rapprochée d'un planeur d'entrainement en cours de montage. (Signal/coll. Heimdal.)

Ci-contre : Vue aérienne d'une base d'entraînement au vol à voile en Allemagne au milieu des années 30. (Signal/Heimdal.)

Above : A close-up shot of a training glider during assembly.

Opposite : Aerial view of a sailplane training base in Germany during the mid-1930s.

Le général Kurt Student.
General Kurt Student.

Ci-dessus : Envol d'un planeur marqué de la croix gammée sur le Mont Wasserkuppe. (Signal/coll. Heimdal.)
Ci-contre : Belle photo couleur d'un des premiers planeurs allemands destinés à l'entraînement. (Signal/coll. Heimdal.)

Above : A glider marked with a swastika takes off from Mount Wasserkuppe.

Opposite : A fine color photo of one of the early German gliders used for training.

tère, le *Deutsche Luftsport Verband.* Ce qui n'était jusqu'alors qu'un sport de passionnés devint une structure rigide paramilitaire destinée à former les futurs pilotes. La croix gammée fut peinte dès lors sur la queue de tous les planeurs du pays. En 1935, il instaura un uniforme spécifique et déclara officiellement que l'Allemagne ne respecterait plus le traité de Versailles et commencerait son réarmement. Le service militaire devint obligatoire et des milliers de jeunes Allemands entrèrent dans les écoles de pilotage. De plus, Göring organisa la mise sur pied dès le 10 novembre de la même année, d'un bataillon de chasseurs parachutistes constitué de volontaires et fit ouvrir à Stendal, le 29 janvier 1936, un centre d'entraînement au saut en parachute.

Un officier supérieur nommé Kurt Student croyait depuis longtemps dans le potentiel extraordinaire des forces aéroportées, parachutistes et planeurs. Promu *Generalmajor*, il prit le commandement le 1er juillet 1938, de la *7. Fliegerdivision* (7e division aérienne) qui était en fait la première division aéroportée expérimentale (avec ses trois régiments à trois bataillons et un bataillon du génie) constituée de soldats parachutés ou aérotransportés. Déjà, en 1936, Student avait ordonné la fabrication d'un planeur de combat permettant le transport de troupes. C'est Hans Jacobs, un ingénieur du *Deutsche Forschungsanstalt für Segelflug* (DFS), filiale de l'institut de recherches de Rohen, qui conçut le modèle appelé DFS 230. Uniquement équipé d'une mitrailleuse légère, ce planeur d'une longueur de 11,5 mètres et d'une envergure de 21,9 mètres, pouvait transporter 1,2 tonne d'équipements ou 9 hommes

plus un pilote. Il fut testé à Darmstadt en février 1939 et, convaincu par les résultats des essais, Student ordonna sa fabrication en série. La société « *Gothaer Waggonfabrik* » obtint le marché alors qu'elle était spécialisée dans la fabrication de wagons de chemins de fer. Fin 1939, alors que les premiers DFS 230 sortaient juste des usines, Hitler donna l'ordre à Student de préparer sa division au combat. En effet, après avoir conquis la Pologne en quelques semaines, il préparait l'attaque sur le front Ouest. Bloqué par la ligne Maginot, Hitler devait attaquer par la Belgique. Un verrou défensif en protégeait cependant l'accès : le fort d'Eben Emael. Terminé en 1935, ce fort équipé de bunkers cachant d'une DCA redoutable et défendu par 780 fantassins, passait pour être absolument imprenable et permettait la défense de plusieurs ponts sur le canal Albert.

DFS 230 et son équipage. (Coll. de l'auteur.)
DFS 230 and its crew.

The 1929 slump and its aftermath did not kill off the growth of gliders in the United States, quite the opposite, for it provided an infinitely cheaper leisure activity than the airplane, the market for which indeed did collapse during this period.

In 1932, the National Glider Association was replaced by the Soaring Society of America headed by Warren E. Eaton. It set about raising the funds required to hold competitions and demonstrations. It received help from a sailplane enthusiast, Richard C. Dupont, who was a descendant of the founder of the chemical company whose fortune and relations enabled the society literally to «take off».

Also, Warren E. Eaton obtained recognition for the organization and the official approval of the FAI (Fédération Aéronautique Internationale) enabling its records to be ratified. He was killed during a demonstration in Miami on December 1, 1934. In 1937, Richard Dupont won the Elmira competition for the third time, and that same year became president of the Soaring Society of America. He appointed Lewin B. Barringer as his deputy, and little did either of them then know the crucial role they were to play in the military use to which gliders were later put.

In Germany, the rise to power of Adolf Hitler marked what was to turn out to be a watershed. He appointed as his Air Minister one of his henchmen, Hermann Göring, a former World War I pilot, who worked behind the scenes to set up the structure of the Reich's future air force, the Luftwaffe. On Göring's orders, every gliding club in the country was placed under the auspices of a new organization controlled by his ministry, the Deutsche Luftsport Verband, and what had previously been a sport for enthusiasts was turned into a strict paramilitary structure for training new pilots. The swastika was then painted on the tail of every glider in the country. In 1935, Göring introduced a special uniform and declared officially that henceforward Germany would no longer comply with the Treaty of Versailles but would be rearming. Military service was made compulsory, and thousands of young Germans went to the flying schools. Also that year, on November 10, Göring arranged for a parachute chasseur battalion to be raised from volunteers, and had a parachute jump training center opened at Stendal on January 29, 1936.

A senior officer named Kurt Student had for a long time believed in the extraordinary potential of airborne troops, parachutists and gliders. On being promoted to Generalmajor, on July 1, 1938 he took over command of 7. Fliegerdivision (7th Air Division) which was in fact the first experimental airborne division (with three regiments of three battalions plus an engineers battalion) made up of paratroops or air-landing soldiers. Already in 1936, Student had ordered a fighter glider to be manufactured for transporting troops. It was Hans Jacobs, an engineer with the Deutsche Forschungsanstalt für Segelflug (DFS), a subsidiary of the Rohen research institute, who designed the model known as the DFS

Portrait de l'*Oberleutnant* Rudolf Witzig, dont le groupe d'assaut était chargé de neutraliser le fort d'Eben Emael. (NA.)
Picture of first Lieutenant Rudolf Witzig whose assault group was responsible for neutralizing the fort at Eben Emael.

Student reçut comme mission la prise par surprise de ce fort. Il prépara ses hommes en novembre 1939 à Hildesheim. Le groupe d'assaut composé de près de 400 hommes était séparé en deux : commandé par le *Hauptmann* Walther Koch, le premier détachement avait pour mission de prendre et tenir les ponts de Vroenhoven, Veldwezelt et Canne afin de pouvoir recevoir des renforts blindés, pendant que le deuxième détachement commandé par l'*Oberleutnant* Rudolf Witzig devait neutraliser le fort. Pour mener à bien cette mission, ils allaient utiliser pour la première fois des planeurs dans une opération militaire. C'était le seul moyen de pouvoir délivrer, instantanément et à un endroit précis, un groupe de soldats prêts à engager le combat. Cela ne pouvait être accompli par parachutages car un temps de regroupement, difficilement calculable, était nécessaire.

Plusieurs semaines vont être nécessaires à l'entraînement des hommes et, le 9 mai 1940, Hitler ordonne finalement l'attaque pour le lendemain. A

3 heures 30, les deux groupes décollent vers leur objectif. Malheureusement, suite à un incident de pilotage, le planeur du lieutenant Witzig se détache et se pose à quelques kilomètres de l'aérodrome de départ. Ils les rejoindra plus tard. La mission ne peut être en aucun cas annulée et le groupe devant attaquer le fort se retrouve sans son commandant. En dépit de cet aléa, le groupe profite de l'effet de surprise, fait exploser les tourelles blindées et neutralise le fort en 20 minutes. 6 morts et 20 blessés sont à déplorer côté allemand. Au même moment, le détachement commandé par Koch attaque les trois ponts sur la Meuse. Les soldats belges font exploser celui de Canne en voyant arriver les planeurs mais n'ont pas le temps de faire de même pour les deux autres. Malgré les 15 morts et les 39 blessés lors de la prise des deux ponts, la mission est accomplie. Quelques heures plus tard, les premiers blindés allemands peuvent les traverser afin d'envahir la Belgique et plus tard la France. Pour la première fois, l'utilité tactique des planeurs était démontrée. (1)

Peu de temps après, les services de renseignements de l'armée américaine eurent vent de ce coup de maître et rédigèrent un rapport destiné au quartier général des armées afin de les informer de cette nouvelle tactique utilisée avec succès. En 1940, alors que les Allemands, les Russes, les Japonais et les Anglais possédaient des unités combattantes utilisant des planeurs, les Etats-Unis, eux, n'en avaient même pas un seul pouvant être utilisé au combat. En effet, face à une situation devenant explosive en Europe et en Extrême Orient, l'Amérique se focalisa sur la fabrication d'armements lourds et d'avions de combat pour elle-même et ses alliés en cas de déclaration de guerre. De plus, l'armée américaine était en pleine restructuration de sa force aérienne, l'*Army Air Corps*, considéré comme une spécialité dépendant directement de l'armée de terre. Il changea de nom en 1941 et devint l'*Army Air Forces* en intégrant un commandement plus autonome. Ce n'est qu'en 1947 qu'elle perdit le préfixe « Army » pour devenir totalement indépendante : l'*Air Force*.

(1) C'est l'armée allemande qui utilisera le plus les planeurs durant la Deuxième Guerre mondiale et mettra au point un grand nombre d'appareils différents, dont le Me 321 « Gigant » capable de transporter un char.

A l'aube du 10 mai 1940, les défenseurs du pont de Veldwezelt se rendent aux hommes du *Hauptmann* Koch. (NA.)
The defenders of Veldwezelt Bridge surrender to Hauptmann Koch's men at dawn on May 10, 1940.

230. Carrying no more than a light machine-gun, this glider was 37.5 feet long with a wingspan of 72 feet, and could carry 1.2 ton of equipment or 9 men plus a pilot. It was tested at Darmstadt in February 1939 and the trials were conclusive enough for Student to order mass production of it. The contract went to the "Gothaer Waggonfabrik" corporation, which actually specialized in the manufacture of railroad wagons. Late in 1939, the first DFS 230s were only just coming off the production line when Hitler ordered Student to prepare his division for combat. This was when, having overrun Poland in a matter of weeks, he was preparing to attack on the western front. Hitler was forced to bypass the Maginot Line by attacking through Belgium. However, access was barred by a defensive stronghold, Fort Eben Emael. Completed in 1935, this fortress had powerful guns concealed in bunkers, effective anti-aircraft weaponry and was defended by 780 infantry, making it reputedly impregnable, and it provided cover to defend a number of bridges over the Albert Canal.

Student was ordered to capture this fort by surprise. He prepared his men at Hildesheim in November 1939. The assault group of nearly 400 men was split into two ; the first detachment, led by Hauptmann Walther Koch, was detailed to take and hold the Vroenhoven, Veldwezelt and Canne bridges so as to be able to receive armored reinforcements, while the second detachment, commanded by Oberleutnant Rudolf Witzig, was to neutralize the fort. To accomplish this mission, they were to use gliders for the very first time in any military operation. There was no other way of instantly delivering a party of soldiers ready for combat to a precise spot. This could only be done with a parachute drop, otherwise a mustering time would be required and that was hard to calculate. It took several weeks to train the men, and finally, on May 9, 1940, Hitler gave orders for the attack to take place the following day. At 0330 hours, the two detachments took off for their objective. Unfortunately, following a piloting incident, Lieutenant Witzig's glider detached itself and landed just a few kilometers from the airfield where it had taken off. He would join them later. There was no way the operation could be called off, and so the party detailed to attack the fort was leaderless. Despite this hitch, the detachment caught the fort by surprise, blew up the armored turrets and neutralized the fort all in 20 minutes. The Germans lost 6 killed and 20 wounded. Meanwhile, Koch's detachment was attacking the bridges over the Meuse. When they saw the gliders coming, the Belgian troops blew up Canne Bridge, but did not have time to deal likewise with the other two. It was mission accomplished, with 15 killed and 39 wounded during the capture of the two bridges. Within hours, the first German tanks were crossing on the way to invading Belgium and later France. For the first time the tactical value of gliders had been demonstrated. (1)

Not long afterwards, the US Army intelligence service heard about this master stroke and drew up a report intended for army headquarters to inform them of this new and successful tactical ploy. In 1940, at a time when Germany, Russia, Japan and Britain all had combat units using gliders, the United States possessed not a solitary battleworthy glider. This was because, faced with the explosive situation that was developing in Europe and the Far East, America concentrated on making heavy weapons and fighter aircraft for herself and her allies in the event of war being declared. Also, the American army was completely re-organizing its air force, the Army Air Corps, viewed as one more specialism placed directly under the land army. It changed its name in 1941 to the Army Air Forces, with a more independent command structure. It was not until 1947 that the prefix "Army" was dropped and it became the fully independent US Air Force.

(1) It was the German army that used most gliders during World War 2 and developed a whole range of different models, including the Me 321 "Gigant", capable of transporting a tank.

Le 15 mai, Hitler se fait prendre en photo avec quelques-uns des hommes qui se sont emparés des ponts du canal Albert et d'Eben Emael. Ce succès amènera l'armée américaine à créer ses propres unités de planeurs. (NA.)

On May 15, Hitler is photographed with some of the men who captured the Albert Canal bridges and the Eben Emael fort. This success led the Americans to set up their own glider units.

Le programme américain

Le *Major General* Henry « Hap » Arnold, chef de l'*Army Air Forces*, fut à l'origine du programme américain de planeurs. Il avait appris à piloter en 1911 avec les frères Wright et était persuadé de l'utilité de ce nouveau moyen de transport utilisable au combat.

Impressionné par l'exploit d'Eben Emael, il décida le 4 mars 1941 de lancer des recherches dans la conception d'un planeur à usage militaire. Il envoya au centre de recherches expérimentales *(Air Material Command Aircraft Laboratory)* de Wright Field dans l'Ohio, l'ordre de trouver des entreprises civiles capables de fabriquer des planeurs de 2, 8 et 15 places et de leur demander de venir présenter leur prototype pour des essais. Dès le 8 mars, les ingénieurs envoyèrent le cahier des charges à 11 sociétés susceptibles de fabriquer de tels appareils. Seules quatre entreprises répondirent

Vue intérieure de la cellule frontale du Waco. (Photo de l'auteur.)

View of the inside of the front airframe on the Waco.

positivement : la *Bowlus Sailplane Inc,* la *Frankfort Sailplane Company,* la *Saint Louis Aircraft Corporation* et la *Waco Aircraft Company.* Ces sociétés durent envoyer pour le mois de juin 1941, 8 planeurs biplace, 1 de 8 places et 1 de 15 places afin qu'ils puissent être testés. Ce centre devait en juger la fiabilité mais devait aussi étudier toutes les modifications techniques proposées par l'*US Army Air Forces* à destination des chasseurs, des bombardiers, des appareils de reconnaissance. Surchargé de travail, l'*Air Materiel Command Aircraft Laboratory* de Wright Field ne termina ses essais qu'en mai 1942. Ce fut la société Waco de Troy dans l'Ohio qui fut retenue car ses planeurs 8 et 15 places obtinrent les meilleurs résultats aux tests. Cette société avait été créée en novembre 1919 à Lorain dans l'Ohio par George Weaver, Charlie Meyers, Sam Junkin et Clayton Brukner. Ils déménagèrent pour Troy en mars 1923 et prirent le nom de Waco, contraction de *Weaver Aircraft Company.* Le CG4-A (CG signifiant *Cargo Glider* : planeur de transport) permettant de transporter 15 soldats fut rapidement préféré au CG-3 qui offrait la possibilité d'emmener 8 hommes mais pas de matériel.

Dessiné par Francis Arcier, ingénieur chez Waco, il allait devenir le planeur standard de l'armée américaine. Les ailes et l'empennage étaient fabriqués en bois, le fuselage formé d'une tubulure métallique revêtue de toile.

Le sol du planeur était formé d'une base en contreplaqué en nid d'abeille procurant rigidité et faible poids. On choisit des bois légers mais rigides comme le mahogany par exemple, bois exotique servant à fabriquer les bancs à l'intérieur du Waco.

Grâce à cela, il pouvait transporter une charge globale de 1 680 kg, c'est-à-dire autant que son propre poids : concrètement cela représente une Jeep, une remorque, deux soldats et de l'équipement ; ou bien encore un canon de 75 mm et deux soldats ; ou un petit bulldozer. Ainsi, le CG4-A pouvait transporter du matériel lourd (2), ce qui lui donnait un avantage supplémentaire par rapport au parachute qui ne pouvait larguer ce type de matériels.

Afin de débarquer le plus rapidement possible les hommes, le matériel et les munitions, l'avant du planeur se soulevait. Deux pilotes pouvaient prendre place côte à côte dans le cockpit, le pilote à droite et le copilote à gauche car le pédalier de droite était le seul à contrôler les freins. En revanche, c'est à gauche que se trouvait la manette permettant de détacher le planeur du C-47.

Ce n'est qu'à partir du 20 juin 1942 que le CG4-A fut lancé sur les chaînes de montage. Waco ne possédant pas un outil de production suffisant pour une fabrication à grande échelle, l'armée chercha d'autres sociétés susceptibles de pouvoir fabriquer ces planeurs. Les ordres de l'Etat-Major étaient formels, les sociétés choisies ne devaient pas être déjà sous contrat avec l'armée pour la fabrication d'avions. En effet, il redoutait que cela n'interfère avec la production d'autres avions de guerre (chasseurs, bombardiers,...).

Seize sociétés furent retenues. Parmi elles, certaines n'avaient aucune expérience dans l'élaboration d'engins volants mais furent sélectionnées du fait de leur outil de production, adaptable à la fabrication du planeur .

Waco était responsable de l'organisation de la production dans ces seize sociétés. Tout dut leur être fourni, plans et procédés de fabrication afin de standardiser la production. Ainsi, chaque société

(2) Contrairement au DFS 230.

The American program

The brain behind the US glider program was Major General Henry "Hap" Arnold, head of the Army Air Forces. He had learnt to fly in 1911 with the Wright brothers and was convinced of the value of this new means of transport that could be used in battle.

He was impressed with the feat at Eben Emael, and on March 4, 1941 decided to begin research with a view to designing a military glider. He sent orders to the Air Material Command Aircraft Laboratory at Wright Field (Ohio) to find civilian companies capable of manufacturing 2-, 8- and 15-seater gliders and to request them to bring along their prototypes for testing. Immediately, on March 8, the engineers forwarded the specifications to 11 companies likely to be able to build such craft. Only four of them responded favorably: Bowlus Sailplane Inc., the Frankfort Sailplane Company, the Saint Louis Aircraft Corporation and the Waco Aircraft Company. These companies had to dispatch by June 1941 for testing, 8 two-seater gliders, one 8-seater and one 15-seater. The center had to assess them for reliability, but also had to examine all the technical modifications put forward by the US Army Air Forces with regard to fighters, bombers and spotter planes. The Air Material Command Aircraft Laboratory at Wright Field had so much work on its hands that testing was not completed until May 1942. The contract went to the Waco Aircraft Company of Troy (Ohio) whose 8- and 15-seater gliders performed better than the others in the trials. The company was founded in Lorain (Ohio) in 1919 by George Weaver, Charlie Meyers, Sam Junkin and Clayton Brukner. They moved to Troy in March 1923 and took the name Waco from the initials of the Weaver Aircraft Company. The CG4-A (CG for Cargo Glider), which carried 15 soldiers, was soon preferred to the CG-3, which could take 8 men but no equipment.

Designed by Waco engineer Francis Arcier, it rapidly became the US standard sailplane. The wings and tailplane were made of wood, the fuselage was a fabric-covered metal tube. The glider's floor had a plywood honeycomb base for stiffness and lightness. Light, rigid wood varieties were used, like mahogany, a tropical wood used to make the benches inside the Waco. This enabled it to carry an overall weight of 1,680 kg (3,750 pounds) i.e. its own weight. In concrete terms, this was a Jeep, a trailer, two men and equipment; alternatively a 75 mm gun and two men; or again a small bulldozer. So the CG4-A could carry heavy equipment (2), giving it an extra edge over the parachute which could not be used to drop this type of *matériel.*

So as to unload men, equipment and ammunition as quickly as possible, the front of the glider could be lifted up. Two pilots could sit side by side in the cockpit, the pilot on the right and the copilot on the left, as the right-hand pedals were able to control the brakes. Also the handle releasing the glider from the C-47 was on the left.

It was only after June 20, 1942 that the CG4-A went onto the production line. As Waco had no facilities for large-scale production, the army cast around for other companies liable to be able to build these gliders. Clear orders had come from Staff Headquarters to the effect that the selected companies must not already be under contract for aircraft production with the army. This was because it was feared that it might interfere with the production of fighters, bombers and other warplanes.

Sixteen companies were picked, some of which had no experience in building flying machines but had a production tool that could be adapted to make the glider. Waco was placed in charge of production at these sixteen plants. To standardize production, they had to be given everything, including plans and manufacturing processes, and each company sent technicians for training at the Waco plant.

The US Army Air Forces needed to be certain that the gliders made by these different companies would all be exactly identical and could take standard spare parts from any of the various contractors. Two officers were detached for the duration of the war to each plant in order to monitor compliance of output with the specifications drawn up by the army and Waco.

Whenever a company failed to fulfill its commitments, the army terminated the contract. This happened to the Babcock Aircraft Corporation of DeLand (Florida) who had no experience in building aircraft or gliders and was unable to muster the necessary skilled labor. Also the army was not satisfied with the quality of the units that were manufactured, and only placed orders for around sixty machines. The Ford Motor Company, on the other hand, proved a serious supplier, although already under

(2) Unlike the DFS 230.

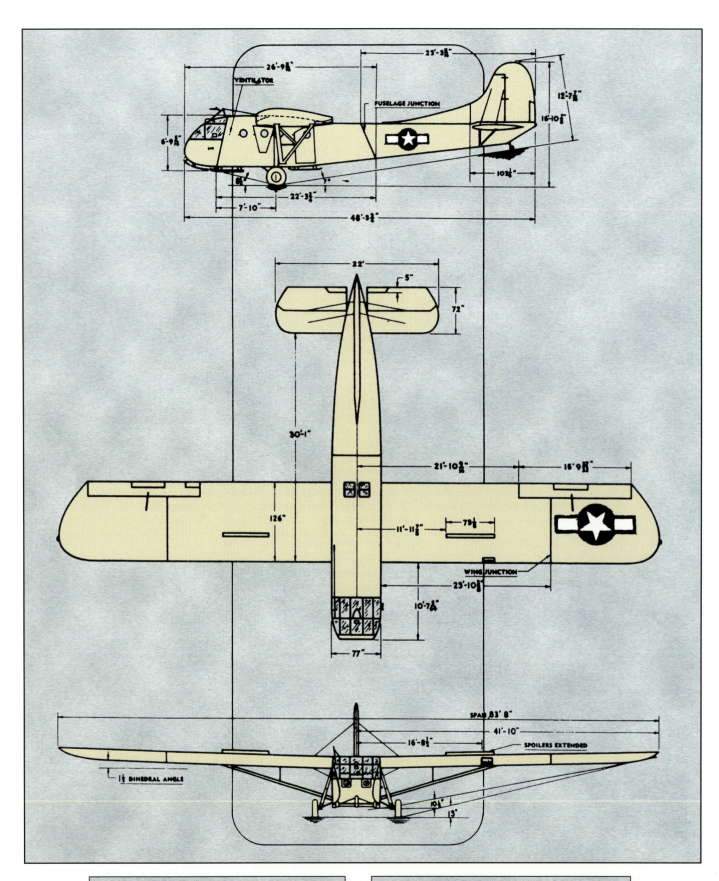

Spécificités techniques du Waco CG4-A	
Envergure	5,50 m
Longueur	14,73 m
Poids à vide	1 680 kg
Poids total en charge	3 400 kg
Vitesse maxi de remorquage en vol	210 km/h

Waco CG4-A, technical specifications	
Wingspan	83 ft 8 in
Length	48 ft 3 in
Empty weight	3,750 pounds
Maximum take-off	15,500 pounds
Maximum towing speed	130 mph

envoya ses techniciens dans les usines Waco afin d'y être formés. Ayant conçu le CG4-A, le nom Waco allait devenir le terme générique désignant tous les planeurs de ce modèle, y compris ceux fabriqués par les autres sociétés.

L'*US Army Air Forces* voulait être certain que les planeurs fabriqués dans ces différentes sociétés seraient tous identiques et qu'ils pourraient recevoir des pièces standardisées des divers contractants.

Deux officiers furent détachés durant toute la guerre dans chacune des usines concernées afin de contrôler la conformité de la production par rapport au cahier des charges établi par l'armée et Waco.

Lorsqu'une société ne respectait pas ses engagements, l'armée dénonçait le contrat. Ce fut le cas pour la *Babcock Aircraft Corporation* de DeLand en Floride qui n'avait aucune expérience dans la fabrication d'avions ou de planeurs, et ne put rassembler la main-d'œuvre qualifiée nécessaire. De plus, l'armée, insatisfaite de la qualité des unités fabriquées, ne prit commande que d'une soixantaine d'engins. A l'inverse, la *Ford Motor Company* se révéla être un fournisseur sérieux alors qu'elle était déjà sous contrat. Mais seul souci, l'*US Army Air Forces* ne devait pas utiliser d'entreprise déjà sous contrat avec elle dans la production d'avions ; Ford était dans ce cas de figure mais le problème fut solutionné. On proposa de déplacer la fabrication dans une de ses anciennes usines de Kingsford dans le Michigan qui construisait autrefois des wagons, n'interférant en rien sur sa production d'avions. L'armée accepta et Ford réaménagea complètement cette usine qui fut dédiée uniquement à l'assemblage de cet appareil. De jour comme de nuit, 4 500 ouvriers de l'usine se mirent à construire des planeurs, faisant ainsi de Ford le plus gros constructeur de la guerre avec à son actif 4 190 réalisations, deux fois plus que n'importe laquelle des 15 autres sociétés. L'expérience de Ford dans la fabrication à la chaîne permit d'amoindrir les coûts et de vendre le CG4-A 15 400 dollars contre un minimum de 25 000 dollars pour les autres.

contract. The only problem was that the US Army Air Forces were not supposed to use companies already under contract with them for aircraft production; this was the case with Ford, but a solution was found. It was suggested that glider production should take place at a disused plant it had at Kingsford in Michigan, formerly used to make wagons, and so without interfering with aircraft production. The army agreed to this and Ford gave the plant a full refit, dedicating it exclusively to making gliders. Day and night, 4,500 plant workers were set to manufacture gliders, making Ford the biggest manufacturer of the war, with an output of 4,190 sailplanes, twice as many as any of the 15 other companies. Ford's experience in mass production enabled costs to be brought down and the CG4-A to be sold for 15,400 dollars as compared with a minimum 25,000 dollars for the others. However, to ensure rapid provision of gliders for the army, each company called upon numerous sub-contractors. One such was "Steinway and Sons", the piano makers, who were enlisted to supply the glider's wings and tail for General Aircraft; another was "Gardner Metal Products", who made coffins, and now metal clamps to fasten the wings to the fuselage. Each of the 16 companies had 10 to 20 sub-contractors of their own to supply parts required to make the Waco. The officer engineers in charge of overseeing production of the Wacos already had quite enough on their hands and could not also check the quality of spare parts supplied by so many sub-contractors.

Usine de montage de planeurs CG4-A. (Coll. de l'auteur.)

CG4-A glider assembly plant.

Société *Company*	Lieu de fabrication *Where built*	Unités fabriquées *Units built*
Weaver Aircraft Co.	Troy, Ohio	1074
Babcock Aircraft Co.	DeLand, Florida	60
Cessna Aircraft Co.	Wichita, Kansas	750
Commonwealth Aircraft Co.	Kansas City, Missouri	1 470
Ford Motor Co.	Iron Mountain, Michigan	4 190
G and A Aircraft Co.	Willow Grove, Pennsylvania	627
General Aircraft Co.	Astoria, New York	1 112
Gibson Refrigerator	Greenville, Michigan	1 078
Laister-Kauffmann	Saint-Louis, Missouri	310
National Aircraft Division	Inconnu *(Unknown)*	1
Northwestern Aeronautical Co.	Saint Paul, Minnesota	1 509
Pratt and Read Co.	Deep River, Connecticut	956
Ridgefield Manufacturing Co.	Ridgefield, New Jersey	162
Robertson Aircraft Co.	Saint-Louis, Missouri	170
Timm Aircraft Co.	Van Nuys, California	433
Ward Furniture Co.	Fort Smith, Arkansas	7
		13 909

Cependant, afin de fournir rapidement les planeurs à l'armée, chaque société avait recours à de nombreux sous-traitants. Par exemple : la société « *Steinway and Sons* », spécialisée dans la fabrication de pianos, fournissait les ailes et la queue du planeur pour *General Aircraft* ; la « *Gardner Metal Products* », fabricant de cercueils, construisait les attaches métalliques reliant les ailes au fuselage.

Chacune des 16 sociétés avait elle-même 10 à 20 sous-traitants qui lui fournissaient les pièces nécessaires à la fabrication du Waco. Les officiers-ingénieurs chargés de superviser la fabrication des Wacos dans les usines avaient déjà beaucoup à faire et n'étaient pas en mesure de contrôler la qualité des pièces détachées fournies par les multiples sous-traitants.

Ci-dessous : Photo du premier Waco fabriqué par Ford. De gauche à droite : Colonel Mac Duffy, Edsel Ford, *Major* B.B. Price, Henry. Ford, *Colonel* F.R. Dent, M. Sorenson.(National Air and Space Museum.)

Page ci-contre :

En haut : Photo aérienne de l'usine Waco à Troy dans l'Ohio. (National Air and Space Museum.)

En bas : Vue aérienne de 1935 montrant les locaux de la société « Steinway and Sons » à Astoria (New York). Le groupe de bâtiments en haut de la photo est l'usine où Steinway fabriquait les pièces détachées pour le CG4-A. Le grand bâtiment au centre était loué par General Aircraft Co. où l'assemblage des planeurs s'effectuait. (Henry Z. Steinway.)

Opposite page :

Top : *Aerial photo of the Waco plant at Troy in Ohio.*

Bottom : *Aerial view from 1935 showing the premises of the « Steinway and Sons » corporation at Astoria (New York). The group of buildings at the top of the photo is the plant where Steinway made spare parts for the CG4-A. The large building in the center was rented by General Aircraft Co. where the gliders were assembled.*

Below : *Photo of the first Waco made by Ford. Left to right: Colonel MacDuffy, Edsel Ford, Major B.B. Price, Henry Ford, Colonel F.R. Dent, M. Sorenson.*

La cellule du planeur Waco

1. Tableau de bord d'un Waco. De gauche à droite : deux interrupteurs permettant d'allumer les lumières se trouvant sur les ailes et la queue ; indicateur de vitesse ; indicateur de prise ou perte d'altitude ; indicateur d'assiette ; altimètre ; boussole. Juste au-dessous du tableau de bord se trouve le boîtier « intercom » permettant de communiquer avec le C-47.

2. Intérieur d'un Waco. Ce modèle n'a qu'un seul volant de contrôle. (National Archives.)

3. CG4-A en construction. (National Archives.)

4. Vue de côté de l'habitacle d'un Waco CG4-A. (Victor Matousek.)

5. Photo prise dans l'usine de Villaume Industries à Saint-Paul dans le Minnesota. Sous-traitant de Northwestern Aeronautical Co., cette société fabriquera plus de 70 000 pièces détachées en bois pour les Waco CG4-A et CG13 ainsi que les caisses de transport. Cette société fabriquera aussi des caisses en bois pour les munitions et les rations alimentaires. (Silent Wings Museum.)

Waco glider airframe

1. Waco instrument panel. From left to right: two switches are for the lights on the wings and tailplane ; speed indicator; altitude gain or loss indicator; attitude indicator ; altimeter ; compass. Just below the instrument panel is the intercom box for communicating with the C-47.

2. Inside of a Waco. This model had only one steering wheel.

3. CG4-A under construction.

4. Side view of the cockpit of a Waco CG4-A.

5. Photograph taken at the Villaume Industries plant at Saint-Paul (Minnesota). A subcontractor for Northwestern Aeronautical Co., this company produced over 70,000 spare parts in wood for the Waco CG4-A and CG13 and also transport crates. The company also made wooden crates for munitions and food rations.

Fear is no respecter of foxholes

Heinrich is afraid.

Once he goose-stepped the gory road from Poland to Paris. Once he sang "We're Sailing on England Tonight"—*and believed it!*

But now he is afraid. Now he knows that fear is no respecter of foxholes.

Why is Heinrich afraid?

Because—out there in the darkness of his dirty, dank hole in the ground—he knows what it is to listen for an enemy he can't hear . . . to look for an enemy he can't see . . . an enemy that, any night now, may come stealing out of the sky in their giant gliders.

Here at WACO where these gliders were designed . . . and here, and in the fifteen other plants where they are being manufactured under WACO'S design and engineering supervision . . . we're working night and day so that Heinrich will not long be afraid . . . so that Heinrich will not long be—period! THE WACO AIRCRAFT COMPANY, Troy, Ohio, U.S.A.

ALL ARMY CARGO-TRANSPORT GLIDERS ARE WACO DESIGNED

Publicité satirique de la société Waco envers les Allemands. (Coll. de l'auteur.)
Satirical anti-German advertisement for the Waco corporation.

WHAT'S THIS MAN'S ARMY COMIN' TO ?

It's like I was sayin' to the lootenant just the other day. "Sir," I says, "there's times when I wonder what this man's army is comin' to. Man and boy, I been soldierin' thirty years now, but lately I'm beginnin' to wonder.

"First they take the cavalry and put 'em in tanks . . . or mechanized cavalry they call it! Mebbe it's all right but, personally, I can't see what business any self-respectin' cavalryman has in one of them king-size sardine cans.

"But that ain't all, sir," I says. "Now they've cooked up this here air-borne infantry.* I seen plenty in my day, from Panama to Shanghai to ole Paree, but I never thought I'd live to see the

day when them foot-sloggin' G.I.'s would be ridin' around in airplanes.

"I ask you, sir. Ain't there *nothin'* sacred no more?"

* *For the edification of the Sarge (bless his antiquated soul), the air-borne infantry—like the mechanized cavalry—was created to give our army the added speed, mobility and hitting power so strikingly demonstrated in Sicily. And also for his information, we'd like to add that the air-borne infantry's "airplanes" are often* WACO *gliders . . . designed by* WACO *. . . built by* WACO *and fifteen other manufacturers using* WACO *design and engineering supervision.* THE WACO AIRCRAFT COMPANY, *Troy, Ohio, U. S. A.*

ALL ARMY CARGO-TRANSPORT GLIDERS ARE WACO DESIGNED

Publicité pour l'entreprise Waco, parue dans le mensuel « Flying » en janvier 1944. (Coll. de l'auteur.)
Advertisement for the Waco corporation published in the monthly « Flying « in January 1944.

re civile, la *Twenty-Nine Palms Air Academy* (Californie) afin qu'elle reçoive 129 des 150 nouvelles recrues. Ce stage de quatre semaines dispensait une formation de base sur le pilotage ainsi que 30 heures de vol sur des petits avions dont le moteur était retiré. Le général Arnold ne connaissant pas de militaire capable de s'occuper spécifiquement des planeurs, il proposa en septembre 1941 à Lewin Barringer, qui s'occupait toujours de la *Soaring Society of America*, de chapeauter le programme. Il lui délégua l'organisation de la formation et lui donna quelques mois plus tard un statut militaire en le nommant *Major*. Barringer saisit cette opportunité et se lança dans l'aventure.

Le 7 décembre 1941, l'attaque surprise de Pearl Harbor par l'aviation japonaise allait faire basculer les Etats-Unis dans la guerre. En quelques semaines, toute la puissance industrielle des Etats-Unis se mit au service de l'effort de guerre. Des crédits furent débloqués et, le 20 décembre, le général Arnold ordonna d'augmenter le nombre d'élèves à 1 000. Il fallait rapidement trouver des recrues. Une campagne d'affichage fut mise sur pied dans les écoles de pilotage. Malheureusement, la majorité des élèves était plus intéressée par l'aviation de chasse ou les bombardiers que par les planeurs dont personne ne percevait vraiment l'utilité.

Alors que le chiffre des 1 000 volontaires n'était pas encore atteint, le général Arnold ordonna de recruter 4 200 volontaires, puis 6 000 quelques semaines après. Barringer demanda l'aide du CAA *(Civilian Aeronautics Administration),* organisation gérant les questions liées à l'aviation civile. Celle-ci avait dans ses archives les coordonnées de 85 000 civils titulaires d'une licence de pilotage. Un mailing fut envoyé mais qui ne rencontra pas le succès escompté. Barringer se rendit compte qu'il ne pourrait pas at-

Photo de 1943 du *Major* Lewin Bennett Barringer. (Gérard M. Devlin.)

Photo of Major Lewin Bennett Barringer in 1943.

« Time Magazine » du 22 juin 1942 présentant le général Arnold en couverture. (Coll. de l'auteur.)

"Time Magazine" of June 22, 1942 featring a cover picture of General Arnold.

L'entraînement des pilotes

Parallèlement à la fabrication du CG4-A, il fallait trouver les futurs instructeurs. Le général Arnold se rendit avec plusieurs membres du Congrès à une démonstration dans une école de pilotage à Elmira. Tous furent très impressionnés par les performances des planeurs et leur précision à l'atterrissage. Cependant, l'utilisation de petits planeurs biplaces, comme le « Schweizer » par exemple, n'avait pas grand chose à voir avec un appareil militaire plus lourd et moins maniable. Arnold savait qu'avant d'entraîner les pilotes de planeurs, il fallait former les instructeurs qui, par la suite, dispenseraient, eux-mêmes, leurs connaissances.

C'est pourquoi il demanda au responsable de l'école d'Elmira, John Robinson, vainqueur en 1940 du championnat national, de venir avec d'autres membres de son école préparer un programme d'entraînement de 30 heures destiné aux futurs instructeurs. Ainsi, début juin 1941, 12 pilotes civils commencèrent leur instruction à Elmira où ils purent tester les planeurs tout juste arrivés. Le général Arnold savait qu'il faudrait du temps pour former un nombre suffisant d'instructeurs, c'est pourquoi, en septembre, il organisa le recrutement de 150 volontaires et trouva un deuxième site offrant de meilleures conditions climatiques permettant la formation de pilotes de planeurs toute l'année. Les sites militaires permettant une telle formation n'existant pas, il signa un accord avec une structu-

teindre ce chiffre dans l'état actuel des choses. Il modifia alors plusieurs fois les conditions d'entrée jusqu'à accepter au final tout volontaire, militaire ou non, avec ou sans expérience en vol, ayant passé les épreuves physiques et mentales dont le niveau avait été revu, lui aussi, à la baisse. Les élèves pilotes de chasse ou de bombardier exclus de leur formation pouvaient intégrer celle des planeurs. De plus, une campagne d'affichage dans tout le pays avait permis d'attirer l'attention sur cette nouvelle utilisation des planeurs. Finalement, grâce à tous ces efforts, les 6 000 élèves pilotes furent trouvés.

Ainsi, les volontaires pour le programme de *Glider pilot* venaient d'horizons très différents et constituaient un ensemble complètement hétéroclite où se retrouvaient pêle-mêle des soldats ayant une licence civile de pilotage d'avion ou de planeur, des volontaires trop âgés pour devenir pilotes de chasse (dont la limite était de 26 ans). S'ajoutaient à eux des détenteurs du CPT (*Civilian Pilot Training*, formation de pilotage dispensée avant la guerre aux lycéens par la CAA), et plus tard tout volontaire répondant aux critères physiques et psychologiques et ayant réussi les tests d'admission.

Maintenant, il fallait trouver un nombre suffisant d'écoles dispensant la formation. Arnold et Barringer décidèrent de ne pas utiliser les clubs de planeurs trop peu nombreux mais de former les recrues dans les clubs civils d'aviation.

Affiche destinée à susciter des engagements comme pilote de planeur. (Tip Randolph.)
Poster used to foster recruiting of glider pilots.

Training the pilots

While the CG4-A was being built, there was also the matter of finding the future instructors. General Arnold went along with several Congressmen to a demonstration at a flying school at Elmira. They were all very impressed with the gliders' performances and precision landings. However, flying small two-seater gliders, like the "Schweizer" for instance, was a far cry from a military aircraft that was heavier and not so easy to handle. Arnold knew that before training glider pilots it would be necessary to instruct their instructors, who would then be able to pass on their knowledge.

So he asked the head of the school at Elmira, John Robinson, winner of the national championships in 1940, to come with other members of his school to prepare a 30-hour training program intended for the future instructors. Thus, early in June 1941, 12 civilian pilots began training at Elmira, where they were able to test the gliders, which had only just arrived. General Arnold knew that training instructors in sufficient numbers would take time, so in September he had 150 volunteers taken on and found a second site with better weather conditions where pilots could be trained all year round. As there were no military sites where such training could be carried out, he signed an agreement with a civilian organization, the Twenty-Nine Palms Air Academy of California, to take in 129 of the 150 new recruits. This four-week course provided basic training in flying and 30 hours flying small aircraft with the engine removed. Not knowing of any military man capable of looking specifically after gliders, in September 1941, General Arnold asked Lewin Barringer, who was still working for the Soaring Society of America, to oversee the program. To him he delegated organization of training and a few months later conferred on him military status with the rank of major. Barringer seized his chance and threw himself into the venture.

On December 7, 1941, the surprise attack on Pearl Harbor by the Japanese air force led the United States into the war. Within weeks, the country's industrial power was placed all-out into the war effort. Funds were made available, and on December 20, General Arnold ordered the number of cadets to be increased to 1,000. Recruits needed to be found quickly and a poster campaign was arranged in the flying schools. Unfortunately, most of the cadets were more interested in fighter planes and bombers than in gliders, whose usefulness was frankly not very clear to anyone.

General Arnold had not yet found these 1,000 volunteers when he ordered another 4,200 volunteers to be found, followed by 6,000 more a few weeks later. Barringer requested the help of the CAA (Civilian Aeronautics Administration) who had in their files the names and addresses of 85,000 civilians holding a pilot's license. The ensuing mail shot did not achieve the desired results. Barringer saw that there was no way he was going to reach his target the way things stood. So he changed the criteria several times over until he ended up accepting any volunteer, whether military or otherwise, with or without flying experience, who had passed physical and mental tests that had also been made easier. Failed fighter and bomber cadets were able to join the glider pilots. Also, a nationwide poster campaign had brought this new use of gliders to the public attention. Finally, all these efforts were rewarded, and the 6,000 glider cadets were found.

Thus, the volunteers for the Glider Pilot program came from very different backgrounds and made a motley crew with soldiers with a civilian pilot's or glider pilot's license alongside volunteers who were too old to become fighter pilots (the age limit was 26), or the holders of CPT (Civilian Pilot Training) certificates, CAA prewar flying courses for high schools, and later any volunteer at all who met the physical and psychological criteria and passed the entrance tests.

Now, sufficient schools to dispense the training had to be found. Arnold and Barringer decided not to use the gliding clubs, there being too few of them, but to train recruits at the civilian flying clubs instead.

Training for the future glider pilots was broken down into a number of different phases. After passing the entrance tests, they were sent off for Primary glider training, the aim of which was to learn to fly small aircraft with full control. Also they were taught the basic theory of flight: getting to know the instruments, meteorology, navigation etc. At the end of this training, students had to follow special so-called Deadstick training, which involved cutting out the engine in mid-flight and gliding the plane back to earth at a given point. As of mid-1943, the General Staff drew a distinction between Class A students, with flying experience, and Class B students who had never flown a plane before. Class A students went straight on to deadstick training while Class B students had to follow Primary training first.

However the two exercises were not always held at the same location.

Primary training	Localisation géographique *Location*	Capacité *Capacity*
Jolly Flying Service	Grand Forks, North Dakota	212
L. Miller-Wittig	Crookston, Minnesota	80
Fontana School of Aeronautics	Rochester, Minnesota	112
Hinck Flying Service	Monticello, Minnesota	112
North Aviation Co.	Stillwater, Minnesota	112
Morey Airplane Co.	Janesville, Wisconsin	112
Anderson Air Activities	Antigo, Wisconsin	140
Mc Farland Flying Service	Pittsburg, Kansas	120
ONG Aircraft Corporation	Goodland, Texas	240
Hunter Flying Service	Spencer, Iowa	160
Sooner Air Training Corporation	Okmulgee, Oklahoma	160
Anderson & Brennan Flying Service	Aberdeen, South Dakota	160
Harte Flying Service	Hays, Kansas	160
Ken Starnes Flying Service	Loanoke, Arkansas	80
Plains Airways Corporation	Fort Morgan, Colorado	184
Cutter-Carr Flying Service	Clovis, New Mexico	184
Big Spring Flying Service	Big Spring, Texas	80
Clint Breedlove Aerial Service	Plainview, Texas	152

Basic training	Localisation géographique *Location*
John H. Wilson Glider School	Lamesa, Texas
Arizona Gliding Academy	Wickenburg, Arizona
Twenty Nine Palms Gliding School	Twenty Nine Palms, California
Elmira Soaring Corporation	Mobile, Alabama
USAAF School	Amarillo, Texas
USAAF School	Waco, Texas
USAAF School	Lockbourne, Ohio
USAAF School	Fort Sumner, New Mexico
Lewis School of Aeronautics	Lockport, Illinois

Centres de remplacement *Pools*	Localisation géographique *Location*
Smyrna Air Base	Tennessee
Lockbourne	Ohio
Randolph Field	Texas
Santa Ana Air Base	California
Kirkland Field	New Mexico
Stuttgart Air Base	Arkansas

NB : les listes des centres d'entraînement ci-dessus ne sont pas exhaustives car le programme connut tellement de bouleversements qu'il est impossible de dresser une liste complète de toutes les bases utilisées. De plus, certaines bases servirent à dispenser diverses phases de l'entraînement (*Primary* et *Basic trainings* par exemple).

NB : The above lists of training centers are not complete. There were so many changes made that it is not possible to give a full list of bases used. Also, some bases were used for more than one level of training (e.g. Primary and Basic Training).

L'entraînement des futurs pilotes de planeurs était divisé en plusieurs phases. Après avoir passé les tests d'admission, on les envoyait effectuer le *Primary glider training*. Cette formation avait pour but d'apprendre le pilotage de petits avions afin d'en maîtriser le contrôle. De plus, on leur donnait des cours sur les fondements théoriques du vol : connaissance des instruments, météorologie, navigation,... A la fin de cette formation, les élèves devaient effectuer un entraînement spécifique : le *deadstick training*. Cela consistait à couper le moteur de l'avion en vol et de le ramener à terre en vol plané sur un point précis. A partir de mi-1943, l'Etat-Major fit une distinction entre les « Class A student » qui avaient déjà une expérience du vol et les « Class B student » qui n'avaient jamais piloté aucun appareil. Les « Class A student » suivaient directement le *deadstick training* alors que les « Class B student » devaient d'abord suivre le *Primary training* avant d'aller au *deadstick*.

Toutefois, cet exercice n'était pas toujours effectué au même endroit que le *Primary glider training*.

La phase suivante de la formation se nommait le *Basic training* qui était dispensé dans des aérodromes différents. Les élèves-pilotes se perfectionnaient dans la technique de vol sur planeur. Ils pilotaient notamment le « Schweizer » TG2 qui n'était toutefois pas disponible en quantité suffisante. Le faible nombre de planeurs disponibles obligea le commandement à trouver une solution. Il demanda à trois entreprises de modifier leurs avions afin d'en faire des planeurs. Pour cela, il fallait retirer le moteur afin de pouvoir placer un troisième siège. Ainsi la société *Aeronca* fabriqua le TG5 *(Training Glider 5)*, la *Taylorcraft Aviation Corporation* modifia son « Tandum » en TG6 et la *Piper Aircraft Corporation* son J3 Cub en TG8. Grâce à cela, en octobre 1942, 5 585 élèves étaient sortis des écoles dispensant le *Basic Training*.

En plus des entraînements en vol, ils suivaient une formation au combat corps à corps et s'adonnaient au tir, à la marche en ordre serré et étaient astreints à diverses corvées.

Alors que les *Primary training* et les *Basic training* fonctionnaient à plein régime, le centre de Wright Field était encore en train de tester et de modifier le futur planeur destiné au combat et aucun n'était disponible. Il fallut donc rassembler les recrues dans des bases nommées « Pools » (3). Les conditions de séjour y étaient très difficiles. Les soldats restèrent des mois dans des tentes en plein soleil avec des restrictions d'eau et d'électricité.

L'entraînement au tir et au combat ainsi que les exercices d'ordre serré rendirent les troupes nerveuses et leur donnèrent le sentiment d'être inutiles. Pour les calmer, l'Etat-Major augmenta la fréquence des permissions et décida de réactiver un grade qui n'existait plus dans l'armée américaine et qui leur serait attribué à la fin de leur formation.

Normalement, un officier reçoit une commission du congrès américain lui accordant les droits et les devoirs inhérents à ce grade. On pensa un moment donner aux pilotes de planeurs un grade d'officier commissionné mais de vives protestations émanèrent de certains généraux qui considéraient que seuls des pilotes d'engins à moteurs, de « vrais pilotes », pouvaient être commissionnés. Cependant, le pilote étant le seul à pouvoir commander son appareil, on instaura le grade de *Flight Officer* (officier navigant). Non commissionnés, ils étaient cepen-

---

The next stage of training was called Basic training and was dispensed at various airfields. The trainee pilots became proficient at flying a glider. In particular they flew the Schweizer TG2 although there were not enough of this plane to go round. The small number of available gliders forced the commanders to find a solution; so they asked three companies to convert their planes into gliders. To do this meant removing the engine to make way for a third seat. In this way, Aeronca manufactured the TG5 (Training Glider 5), the Taylorcraft Aviation Corporation turned its Tandum into a TG6 and the Piper Aircraft Corporation its J3 Cub into a TG8. This meant that by October 1942, 5,585 students had passed through the Basic training schools.

In addition to in-flight training, they followed hand-to-hand combat training and practiced firing and flying in close formation, and were detailed to various kinds of fatigue-duty.

While Primary training and Basic training were operating at full speed, the Wright Field Center was still busy testing and modifying the future combat glider and so far none was available. So the recruits had to be assembled into bases or Pools (3), in very rough living conditions. The soldiers stayed for months on end in tents in the blazing sun with water and power restrictions.

Shooting and combat training, and also close formation exercises made the troops nervous and feel useless. To calm them down, the General Staff increased the frequency of leave and decided to reactivate a rank that no longer existed in the US Army, to be conferred on them at the end of their training.

Normally speaking, an officer receives his commission from Congress together with the rights and duties that go with his rank. The intention was briefly to give glider pilots a commission, until certain generals spoke out indignantly, claiming that only those flying an engined craft should become commissioned officers. However, as the pilot was the only one in a position to command his plane, the rank of flight officer was introduced. Although NCOs, they were treated like officers, with access to the officers' mess and extra pay. Also, some of them were commissioned on merit and rose to 2nd Lieutenant. So, from previously having staff sergeant rank, glider pilots were now promoted to flight officer.

Once students completed this period, they were sent for Advanced glider training. It was only at this stage of training that students would use the plane they would be flying into battle: the Waco CG-4, affectionately called the most forgiving ugly beast that ever flew. How this kind of military glider behaved had little in common with the small gliders they had known earlier. They got used to flying in formation towed by C-47s, practicing flying slightly above the C-47s, to avoid getting into the zone of engine turbulence and have sight of the green light that would signal to them their arrival over the LZ (Landing Zone). They also practiced the "double tow" technique whereby two Wacos were towed by a single aircraft. Some pilots even practiced a «triple tow» in training, with one C-47 towing three gliders all at once.

They also carried out night flying, targeting very precise Landing zones.

They also learned to pay attention to even distribution of loads inside the glider so as to avoid instability in flight, also practicing unloading equipment at maximum speed. The air bases where this training was provided were at Lubbock and Dalhart (Texas), at Vicorville (California), at Stuttgart (Arkansas) and at Fort Sumner (New Mexico). As of mid-April 1943, only the South Plains Army Air Base at Lubbock (Texas) provided Advanced glider training.

It was upon completing their Advanced glider training that promoted students officially became Glider Pilots and proudly received their breast insignia similar to that worn by other pilots but with a big G for Glider (the glider pilots always said that this G stood for Guts). At the same time, they became Flight Officers.

This did not by any means mark the end of their training. In battle, after landing their glider, the pilots reverted to being infantrymen like the rest, fighting alongside the soldiers they had just transported. This is why the pilots left for Bowman Field in Kentucky for training in handling and using the Garand rifle, the USM1 carbine, the Thompson machine-gun, grenades and also bazookas and 75 mm anti-tank guns.

Finally, the pilots were sent to Laurinburg Maxton Army Air Base, where they took part in some in-depth tactical training. There for the first time they met the airborne troops they would be responsible for transporting to

---

(3) Les « Pools » reçurent des recrues à chaque changement de stage d'entraînement, à chaque fois qu'il y avait un surplus de soldats.

(3) The "Pools" received recruits at each change of training course, each time there was a surplus of soldiers.

Entraînement au remorquage de deux Wacos CG4-A. Cette technique ne fut pas utilisée en Normandie. (Victor Matousek.)
Training in towing two Waco CG4-As. This technique was not used in Normandy.

dant considérés comme des officiers, leur donnant accès au mess des officiers et leur permettant d'avoir une meilleure solde. De plus, en fonction de leurs qualités, certains pourraient être commissionnés et recevoir le grade de *2nd Lieutenant* (sous-lieutenant). Désormais, un pilote de planeur deviendrait *Flight Officer* et non plus *Staff Sergeant* (sergent-chef), grade qu'il devait recevoir à l'origine.

Lorsque les élèves terminaient cette période, ils étaient envoyés à l'*Advanced Glider Training*. C'est seulement à ce stade de la formation que les élèves allaient utiliser l'appareil qu'ils auraient à piloter au combat : le Waco CG4-A. Le comportement d'un planeur militaire de ce genre n'avait pas grand chose en commun avec les petits planeurs qu'ils avaient connus auparavant. Ils s'habituaient au vol en formation tirés par les C-47 en s'habituant à se placer légèrement au-dessus du niveau du C-47 afin de ne pas se trouver dans les turbulences des moteurs et de pouvoir apercevoir la lumière verte qui leur signalerait l'arrivée au-dessus de la LZ (*Landing Zone* : zone d'atterrissage). Ils s'entraînaient aussi au « double tow », technique qui consistait à ce que deux Wacos soient tirés par le même avion. A l'entraînement, certains pilotes s'entraînèrent même au « triple tow » où un C-47 remorquait trois planeurs en même temps.

Ils effectuaient aussi des vols de nuit avec atterrissage sur des *Landing Zones* très précises.

Ils apprenaient aussi à respecter la répartition des charges à l'intérieur de l'appareil afin d'éviter des déséquilibres en vol, ils s'entraînaient aussi à le décharger le plus vite possible de son matériel. Les bases aériennes dispensant cette formation se situaient à Lubbock et à Dalhart au Texas, à Vicorville en Californie, à Stuttgart dans l'Arkansas et à Fort Sumner au Nouveau Mexique. A partir de la mi-avril 1943, seule la South Plains Army Air Base de Lubbock, Texas, dispensera l'*Advanced Glider Training*.

C'est à la fin de l'*Advanced Glider Training* que les élèves promus devenaient officiellement *Glider Pilot* et recevaient avec une grande fierté leur insigne de poitrine, similaire à celui porté par les autres pilotes mais sur lequel trônait un G pour *Glider*. Simultanément, ils devenaient *Flight Officer*.

Pour autant, la formation était loin d'être terminée. Au combat, après avoir posé leur planeur, les pilotes redevenaient des fantassins comme les autres, susceptibles de combattre aux côtés des soldats qu'ils venaient de transporter. Pour cette raison, les pilotes partaient pour Bowman Field dans le Kentucky afin de suivre un entraînement à la manipulation et à l'utilisation du fusil Garand, de la carabine USM1, de la mitraillette Thompson, des grenades mais aussi du bazooka et du canon anti-char de 75 mm.

Enfin, les pilotes étaient envoyés à la Laurinburg Maxton Army Air Base où ils participaient à un entraînement tactique très poussé. Ils rencontraient pour la première fois les troupes aéroportées qu'ils seraient chargés de transporter sur les zones de combats. En effet, chaque division aéroportée était formée de régiments exclusivement destinés à arriver par planeurs sur les zones de combats. Des simulations d'attaques combinant C-47, planeurs et unités aéroportées furent organisées afin de répéter en grandeur réelle ce qu'ils allaient bientôt vivre pour de vrai. Au terme de leur formation, les pilotes étaient affectés dans les différents escadrons existants à travers les Etats-Unis. Comme toute unité, un escadron était très structuré et intégrait toutes les composantes indispensables à une organisation efficace. Les pilotes ne représentaient que 10 à 15 % de l'effectif total d'un escadron. Dans les TCS (*Troop Carrier Squadron* : escadron de transport de troupe), le bureau des opérations, le quartier général, le service de renseignement, et la majorité des autres services étaient communs aux pilotes de C-47 et de planeurs et ces derniers se côtoyaient constamment.

Outre les pilotes, seuls les mécaniciens disposaient de qualifications spécifiques car ils avaient suivi des formations approfondies sur le type d'appareil dont ils allaient assurer la maintenance. C'est le *Squadron Glider Officer* qui était responsable de la branche « planeur » au sein de chaque escadron.

Le C-47 allait être l'avion qui remorquerait les planeurs sur les différents théâtres d'opérations. Un autre appareil, le Curtis C-46, paraissait offrir plus de qualités que le C-47. Il pouvait transporter des charges plus lourdes et disposait de portes de chaque côté, permettant le largage plus rapide d'hommes ou de matériels. Seulement, il avait besoin de pistes plus larges et en meilleur état pour pouvoir décoller ou atterrir. De plus, il avait une tendance chronique à perdre son liquide hydraulique hautement inflammable, ce qui était très dangereux en mission de combat. L'*US Army Air Forces* essaya de remorquer les planeurs avec un grand nombre d'appareils, les bombardiers B-17 et B-24, le chasseur P-38 et même l'hydravion PBY. C'est finalement le C-47 qui fut choisi même s'il n'était pas doté de mitrailleuses permettant de se protéger des attaques en vol et atteignait une vitesse de croisière assez lente, même par rapport aux standards de l'époque (250 km/h en vitesse de croisière et 340 km/h en vitesse maxi).

Cependant, son extrême fiabilité et sa grande robustesse en feront l'appareil standard des TCS pour le largage de parachutistes et pour le remorquage de planeurs.

Au sein des TCS, les *Glider Pilots* essayaient d'apparaître comme des pilotes à part entière, alors qu'à l'inverse les pilotes de C-47 tentaient de garder une certaine distance avec eux. Cependant, ils furent parfois utilisés comme copilotes de C-47 lorsque les effectifs manquaient, notamment vers la fin de la guerre au moment où les pertes humaines s'accumulèrent. A l'inverse, aucun pilote de C-47 ne fut *a priori* utilisé comme pilote de planeur.

Début juillet 1942, l'Etat-Major ordonna la création du *Troop Carrier Command*. En coordination avec l'*Airborne Command* chargé de l'instruction des unités aérotransportées, cette nouvelle structure devait superviser l'entraînement des personnels navigants des C-47 et des pilotes de planeurs, ain-

the combat zones. Each airborne division had regiments exclusively intended for entry into the combat zone in gliders. Simulated attacks combining C-47s, gliders and airborne units were arranged in order to hold a full-scale rehearsal of what they were soon to experience for real. At the end of their training, the pilots were allocated to the various squadrons across the United States. Like any other, a squadron was a highly structured unit, and included all the components required to make it an effective organization. The pilots accounted for no more than 10 to 15 % of the total numbers of a squadron. In the TCSs (Troop Carrier Squadrons), the operations bureau, the headquarters, the intelligence department and most of the other services were common to the C-47 pilots and the glider pilots who were rubbing elbows all the time.

Apart from the pilots, only the mechanics had specialist qualifications, having received in-depth training on the type of appliance they would later be responsible for maintaining. The Squadron Glider Officer was in charge of the glider branch of each squadron.

The C-47 was to be the aircraft used to tow the gliders to the various theaters of operations. Another plane, the Curtis C-46, appeared to be of superior quality to the C-47 ; it could transport heavier loads, and had doors on either side, enabling men and equipment to be offloaded more quickly. On the other hand, it required wider and better runways for take-off and landing. Also it had a nasty habit of spilling its highly flammable hydraulic fluid, an extremely dangerous thing to do during a combat mission. The US Army Air Forces tried out a wide range of glider tugs, including B-17 and B-24 bombers, the P-38 fighter and even the PBY seaplane. The final choice lay with the C-47 despite its lacking machine-guns to fend off attacks when in the air and its fairly slow cruising speed, even by contemporary standards (cruising speed 250 kph and maximum speed 340 kph) *.

However its extreme reliability and great robustness made it the standard TCS plane for both dropping parachutists and towing gliders.

Within the TCS, the glider pilots tried to behave as if they were fully-fledged pilots, whilst the C-47 pilots, on the contrary, were rather stand-offish towards them. They were however occasionally used as copilots for the C-47 when numbers were low, particularly towards the end of the war when casualties began to pile up. Conversely, no C-47 pilot was ever asked to fly a glider.

Early in July 1942, the General Staff ordered the Troop Carrier Command to be set up. This new structure, in conjunction with the Airborne Command in charge of instructing the air landing units, was to supervise training for C-47 flying personnel and glider pilots, and for organizing transport of troops and equipment to operational zones. Each Troop Carrier Command had several wings divided into 4 groups (TCG) of 4 squadrons (TCS). Brigadier-General F.W. Evans was given command of this unit. Meanwhile, the first U.S. airborne division was set up: 82nd Airborne. The American army was putting in place the wherewithal to use a new tactical attack – vertical envelopment.

This technique, studied notably by James Gavin, the future commander of 82nd Airborne, as a cadet at West Point, the famous military academy, involved using airborne resources to destroy key points behind the enemy's defensive lines, and broke down into three phases. The first phase consisted in dropping paratroops to create disorder and capture or destroy strategic targets. The purpose of the second phase was to bring in light artillery. And the third phase served to bring in fresh men and equipment to supply the bridgehead.

This was a very modern approach to combat, going against the traditional conception of head-on confrontation.

(*) 250 kph/155 mph. 340 kph/211 mph

Insigne de pilote de planeur.
Glider pilot's insignia.

si que de l'organisation du transport des troupes et du matériel sur les zones d'opérations. Chaque *Troop Carrier Command* comprenait plusieurs *Wings* divisés en 4 groupes (TCG) de 4 escadrons (TCS). C'est le *Brigadier-General* F.W. Evans qui reçut le commandement de cette unité. Simultanément, la première division aéroportée américaine était créée : la *82nd Airborne Division*. L'armée américaine mettait en œuvre les moyens nécessaires permettant d'utiliser une nouvelle tactique d'attaque : l'enveloppement vertical.

Cette technique, étudiée notamment par James Gavin, futur commandant de la *82nd Airborne*, alors qu'il était étudiant à la prestigieuse école militaire de West Point, consistait à utiliser des moyens aéroportés pour détruire des points clés derrière les lignes de défenses ennemies. Cette technique se divisait en trois phases. La première consistait à lâcher des parachutistes afin de créer le désordre et de prendre ou détruire des objectifs stratégiques. La seconde avait pour but d'apporter de l'artillerie légère. La troisième phase devait réapprovisionner la tête de pont en hommes et matériels.

Cette approche du combat était très moderne et était contraire à la conception classique des combats frontaux.

𝔥𝔬𝔫𝔬𝔯𝔞𝔟𝔩𝔢 𝔇𝔦𝔰𝔠𝔥𝔞𝔯𝔤𝔢

from

𝔗𝔥𝔢 𝔄𝔯𝔪𝔶 𝔬𝔣 𝔱𝔥𝔢 𝔘𝔫𝔦𝔱𝔢𝔡 𝔖𝔱𝔞𝔱𝔢𝔰

TO ALL WHOM IT MAY CONCERN:

𝔗𝔥𝔦𝔰 𝔦𝔰 𝔱𝔬 ℭ𝔢𝔯𝔱𝔦𝔣𝔶, That* _____ ROBERT C. CASEY _____

† __12074898__ _____ Staff Sergeant _____ Glider Detachment _____

THE ARMY OF THE UNITED STATES, as a TESTIMONIAL OF HONEST AND FAITHFUL SERVICE, is hereby HONORABLY DISCHARGED from the military service of the UNITED STATES by reason of ‡ __AR 615-360 Sec X to__ __accept appointment as Flight Officer.__

Said _____ ROVERT C. CASEY _____ was born in _____ Brooklyn _____, in the State of _____ New York _____

When enlisted he was __19 7/12__ years of age and by occupation a _____ Clerk _____

He had __Brown__ eyes, __Brown__ hair, __Ruddy__ complexion, and was __5__ feet __8 ¼__ inches in height.

Given under my hand at __VAFS, Victorville, Califronia__ this __6th__ day of __April__, one thousand nine hundred and __forty three.__

ROY D. BUTLER,
Colonel, Air Corps.

Commanding.

See AR 345-470.
*Insert name; as, "John J. Doe."
†Insert Army serial number, grade, company, regiment, or arm or service; as "1620302"; "Corporal, Company A, 1st Infantry"; "Sergeant, Quartermaster Corps."
‡If discharged prior to expiration of service, give number, date, and source of order or full description of authority therefor.

W. D., A. G. O. Form No. 55
April 30, 1941

16—10565

Passage au grade de Flight Officer de Robert C. Casey. (Robert C. Casey.)

Robert C. Casey's appointment as Flight officer.

A gauche : Photo de Robert C. Casey prise en août 42 à 29 Palms (Californie) pendant son *Basic Training*. (Robert C. Casey.)

Ci-contre : Cette photo permet de bien voir le câble permettant de soulever la cellule frontale du Waco. (Coll. de l'auteur.)

Left : Photo of Robert C. Casey taken in August 42 during his Basic Training at 29 Palms (California).

Opposite : This photo gives a good view of the cable used to raise the front airframe on the Waco.

Ci-dessous : Affiche placardée dans les bases américaines pour inciter des volontaires à rejoindre la formation de pilotes de planeurs. « Rejoignez les planeurs » « Jamais de moment ennuyeux ». (Coll. de l'auteur.)

Below : Poster seen in American bases to encourage volunteers to join the glider pilot formation.

L'entraînement des pilotes

1. Photo d'un planeur Frankfort XTG1 (un des premiers planeurs d'entraînement utilisés) prise à proximité de la base de La Mesa au Texas. (National Archives.)

2. Photo du Piper J3 Cub biplace modifié en TG8 à trois places. (Gérard M. Devlin.)

3. Photo prise en octobre 1942 en vol à bord d'un Aéronca TG6. Les deux planeurs sont tirés par un même avion au-dessus de la base d'entraînement de 29 Palms en Californie. (Robert C. Casey.)

4. Photo prise par Robert C. Casey à partir de son Aéronca TG6 pendant un vol d'entraînement en octobre 42 aux abords de la base de 29 Palms, Californie. (Robert C. Casey.)

5. Photo prise à l'intérieur du TG6 de Robert C. Casey à l'entraînement. (Robert C.Casey.)

Training the pilots

1. Photo of a Frankfort XTG1 glider (one of the first training gliders used) taken close to the La Mesa base in Texas.

2. Photo of the Piper J3 Cub two-seater modified as a TG8 three-seater.

3. Photo taken in October 1942 during a flight on board an Aeronca TG6. The two gliders are being towed by the same aircraft over the 29 Palms training base in California.

4. Photo taken by Robert C. Casey from his Aeronca TG6 during a training flight in October 42 not far from the base at 29 Palms, California.

5. Photo taken inside Robert C. Casey's TG6 during training.

Ci-dessus à gauche : Elève pilote devant l'entrée d'une école dispensant le *Basic Training*. (Coll. de l'auteur.)

Ci-dessus à droite : Photo de pilotes à l'instruction devant un Aéronca TG5. Cette photo a été prise au Texas en 1943. (Earle S. Draper.)

Above left : Trainee pilot before the entrance to a school providing Basic Training.

Above right : Photo of trainee pilots in front of an Aeronca TG5. This photo was taken in Texas in 1943.

Mack Striplin (à gauche) écoute les conseils de son instructeur, le *Staff Sergeant* M.D. Watkins, devant un planeur Aéronca TG5 au centre d'entraînement de Clovis au Nouveau Mexique en 1943. Mack Striplin participera au débarquement en Normandie avec le *439th TCG, 93rd TCS*. (Ruby Striplin.)

Mack Striplin (left) listens to advice from his instructor, Staff Sgt M.D. Watkins, in front of an Aeronca TG5 at the Clovis training center in New Mexico in 1943. Mack Striplin was to take part in the Normandy landings with 439th TCG, 93rd TCS.

Photo de Mack Striplin alors à l'entraînement à l'« Advanced Glider Training » à Lubbock, Texas fin 1943. (Ruby Striplin.)
Photo of Mack Striplin during Advanced Glider Training at Lubbock, Texas late in 1943.

HIGH CLARITY is one reason you will find Cellulose Acetate in use for glider and other aircraft cowling. High in light transmission, this plastic can be made to filter out ultra violet (sun burn) rays. Cowling of LUMARITH, Celanese Celluloid Corporation.

CELLULOSE PLASTICS ARE *CLEAR*!

If what you need in a plastic is sparkling clarity, you will find it readily in the plastics based on cellulose. The clear transparency of the cellulose compounds adds brilliance to the field of plastics . . . offering high light transmission, freedom from particles and haze, clarity that yields sparkling colors in a comparatively limitless range.

As a leading producer of cellulose deriv-atives, Hercules is working constantly to raise even further the present high standards of brilliant clarity . . . and to develop each of the other properties which give cellulose plastics their unique combination of advantages. We do not ourselves make plastics but have literature and data, based on our years of research, which we will gladly send you. Please address Cellulose Products, Dept. F-34, **Hercules Powder Company, Wilmington 99, Del.**

HERCULES
CELLULOSE ACETATE
CELLULOSE NITRATE
ETHYL CELLULOSE

ECONOMICAL · STABLE · FLEXIBLE · CLEAR · TOUGH · LIGHTWEIGHT

© 1944, HERCULES POWDER COMPANY   DDD-98

HERE VISUAL CLARITY is of prime importance. All gas-mask eye pieces are diecut from polished Cellulose Acetate for high light transmission and uniformity.

TRANSPARENCY of Cellulose plastics can be a convenience and time saver, as in this oil can for home and industrial use by Eagle Manufacturing Co.

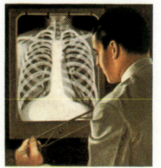

FREEDOM FROM PARTICLES is imperative in X-ray and other film. Therefore it is made of clear Cellulose Acetate or Cellulose Nitrate.

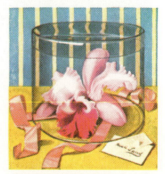

TRANSPARENT PACKAGING sells goods. Users of both rigid and film-type containers prefer the water-clear brilliance of Cellulose compounds.

Publicité de la société Hercules qui fournissait le Plexiglas aux fabricants de Waco. (Coll. de l'auteur.)
Advertisement for the Hercules corporation which supplied Plexiglas to Waco manufacturers.

45

WAR DEPARTMENT

WASHINGTON, D. C.

THE ADJUTANT GENERAL
UNITED STATES ARMY
WASHINGTON, D. C.

Officer's Identification Card

N⁰ 625667

Carte militaire du F/O Robert C. Casey. (Robert C. Casey.)

F/O Robert C. Casey military card.

FLIGHT OFFICER BUGS BUNNY

ANNOUNCES

THE GRADUATION OF CLASS 43-5

GLIDER PILOTS
(WINGED COMMANDOS)

SOUTH PLAINS ARMY FLYING SCHOOL

Lubbock, Texas

MARCH 15, 1943

WC N⁰ 12767

Name ___Robert C. Casey___

Date of Birth ___Nov. 13, 1922___

Weight ___142___

Height ___5 ft. 9 in.___

Color Eyes ___Brown___

Color Hair ___Brown___

Date of Issue ___APR 7 1943___

Signature ___Robert Charles Casey___

Ratings Held ___Glider Pilot___

1549—Santa Ana—1-9-43—9,000

WC N⁰ 12767

UNITED STATES AIR FORCES

This is to certify

Robert Charles Casey

has been appointed

Flight Officer

in the

ARMY OF THE UNITED STATES

APR 7 ____, 19 43

Rated ___Glider Pilot___

per ___Par. 5&6, PO18,4-7,43___

AAFWCTC

Santa Ana, California

1549—Santa Ana—1-9-43—9,000

Document humoristique distribué le 19 mars 1943, date de la fin de la formation d'*Advanced Glider Training* à la South Plains Army Flying School de Lubbock, Texas. (Zinser.)

Humorous document distributed on March 19, 1943, at the end of Advanced Glider Training at South Plains Army Flying School in Lubbock, Texas.

Ci-dessous : Photo d'une promotion en cours de formation à l'*Advanced Training* à Victorville en Californie, 7 mars 1943. (Coll. de l'auteur.)

Photo of a class during Advanced Training at Victorville in California, March 7, 1943.

First Row, Standing Left to Right		Second Row, Standing Left to Right	SQUAD No. 2		Third Row Standing Left to Right	
LOREN K. B. COLE	ARTHUR WILLIAM DAKAN, JR.	LEWIS O. GREEN	**CLASS 43-4**	WILLIAM R. GARRINGER	ROBERT F. CLARK	CLIFFORD A. HAUMILLER
JAMES A. GUILD	EMILIO A. GARZA	MICHAEL J. HARTY		BILLY HILL	JOHN M. FOSS	WALLACE F. HAMMARGREN
JACK W. CASSIDAY	JOHN T. DUNN	WILLIAM H. FORBELL, JR.	Glider Pilot Advanced Training	ELDIE P. DORROH	LOUIS A. CHAPPELL	EARL WILLIAM CORNELIUS
LUMON H. HICKS	KENNETH P. JOHNSON	JOHN O. DORR	Victorville Army Flying School	LLOYD E. JARBOE	FERDINAND L. EDER	OLIVER F. CULWELL
HOWARD GRIFFIN	JAMES R. HARTUNG	JOHN C. HARPER	Victorville, California	MURRAY D. JONES, JR.	CHALON E. CORSON	JAMES P. HARLAN, JR.
ADAM M. DORN	JOHNATHAN D. CLARK	NICHOLAS J. HEISER		EDWIN W. DeLARZELERE	WINFIELD CARLTON GOULDEN	A. L. CLARK, JR.
JULIAN R. HALL	PRIMO CERAVOLO	JAMES T. CLEMENTS	**March 7th, 1943**	KERMIT F. CLICKNER	LOUIS K. DeBUS	WARREN H. HAMLIN
HERBERT W. HOWARD	GEORGE L. COLVERT	WILLIAM B. JONES		RUFUS R. FROST		ROBERT P. GOCKE
JOHN D. GOODLOE	ROBERT CHARLES CASEY	MILTON E. HOLCOMBE		CURTIS S. FRANK		EUGENE E. HAZA
	LEE Y. HARMSTON			ROY S. EDMUNDSON, JR.		HENRY A. CLARK
	DUANE E. ELLIS			FRANK R. DOUBEK		

Boîte d'allumettes vendue aux pilotes à l'« Army Air Forces Glider School » de Fort Sumner, New Mexico. (Coll. de l'auteur.)
Box of matches sold to pilots at the Army Air Forces Glider School at Fort Sumner, New Mexico.

Glider Pilot's Log Book
1104

Carnet dans lequel étaient répertoriés tous les vols effectués. (Robert C. Casey.)
Log Book in which all flights made were listed.

« Carried by a glider », « transporté par planeur » indique le tampon sur ce courrier posté le 9 juin 1940 à la base aérienne de Wichita Falls, Texas. (Coll. de l'auteur.)
« Carried by a glider « says the postmark on this letter posted on June 9, 1940 at the Wichita Falls air base in Texas.

RESTRICTED

GLIDER
TACTICS AND TECHNIQUE

AIR FORCES MANUAL NO. 3

Manuel technique à l'usage des pilotes de planeur. (Coll. de l'auteur.)
Technical manual for glider pilots.

Insigne en tissu de l'*Army Air Forces*. (Coll. de l'auteur.)
Army Air Forces cloth insignia.

★ ★ AIRPORT DEDICATION ★ AIRPORT DEDICATION ★ ★

AIR MAIL

WICHITA FALLS TEXAS
JUN 9
8 - PM
1940

6c U.S.POSTAGE 6c

CARRIED BY A GLIDER

VIA AIR MAIL

DEDICATION THIRD ANNUAL
JUNE 2 - 16 1940
SOUTHWEST SAILPLANE CONTEST FIELD
WICHITA FALLS, TEXAS
JUNIOR C. AMBER OF COMMERCE

1912 Sunset Avenue
UTICA, N. Y.

★ ★ AIRPORT DEDICATION ★ AIRPORT DEDICATION ★ ★

Le *2nd Lieutenant* Victor Matousek et son diplôme confirmant sa spécialité de *Glider Pilot*.

2nd Lieutenant Victor Matousek and his Glider Pilot diploma.

United States Army

Army Air Forces

Be it known that

FLIGHT OFFICER VICTOR LEROY MATOUSEK

has satisfactorily completed the course of instruction

prescribed for

GLIDER PILOTS

at the ARMY AIR FORCES ADVANCED FLYING School.

In testimony whereof and by virtue of vested authority

I do confer upon him this

DIPLOMA

Given at Stuttgart, Arkansas this third day

of February in the year of our Lord one thousand

nine hundred and forty three.

EDGAR R. TODD,
Colonel, Air Corps,
Commanding.

Attest

ROBERT F. BURNHAM,
Lt. Col., Air Corps,
Director of Training.

U. S. GOVERNMENT PRINTING OFFICE : 1942—O—446650

Photo de tous les pilotes du *434th TCG*.
(George F. Hohmann.)

Photo of all the pilots of 434th TCG.

1ᵉʳ rang : de gauche à droite *(Bottom Row : de gauche à droite)*

Edward M. Schue, Doyt T. Larimore, George A. Hanson, Robert J. Smith, Francis J. O'Donnell, Fay A. Marks, Abraham N. Mechlin, Louis A. Vazquez, Nathan Saltz, Roy E. Mask, John P. Burlew, Patrick J. Brandefine, Albert J. Sauer, Acie J. Dawood, William D. Parent, Ernest J. Bernier, Richard J. d'Auteuil, Paul A. Wegehaupt, Marvin Flack, Richard F. Hradek, Albert J. Larsen, Andrew J. Maimona, John J. Vawter

2ᵉ rang : de gauche à droite *(2nd Row : Left to Right)*

2nd Lt Loren Laridon, 2nd Lt Robert Butler, 2nd Lt George Hohmann, F/O Tim Hohmann, 2nd Lt Duke Kimbrough, 1st Lt John Pulley, 1st Lt Garris Jones, 1st Lt Joe Leszcz, F/O Lenard Hewson, 1st Lt Roy MacNeal, 2nd Lt Roland Miltz, 2nd Lt Roy B Meyers, 1st Lt Joe T Rainwater, Capt Frank Gready, Capt Robert Moore, 1st Lt William Vaughan, Capt Fred Pierce, 2nd Lt Nicholas Jones, Capt Arnoldo Ochoa, F/O Herbert Callahan, 1st Lt Robert B Neil, 1st Lt John Lattner, Capt Benson Ozer, Capt Thomas Towers, Capt Edward J. Kaminski, Major Ralph L. Strean Jr. (CO), Capt Charles N. Zenos, 1st Lt Carl W. Boswell, 2nd Lt Sidney Cool, Capt James Tierney, F/O Harry Schroeder, Capt Theodore R. Walter, F/O Arnold Dreer, 1st Lt George Kluchka, 1st Lt Alfred Lowry, 2nd Lt St Clair Hertel, 2nd Lt John Morris, 1st Lt Merton Eckert, 2nd Lt Richard Bangham, F/O George Buckley, 1st Lt Bruno Matten, 1st Lt Tyson Robinson, 1st Lt Kenneth Huber, Capt Thomas Ninegar, 2nd Lt William Beam, 2nd Lt James McGee, 2nd Lt Charles Nugent, 2nd Lt Henry W. Staples, 1st Lt David Kull, F/O Kenneth Coffman, 2nd Lt Johnathan Clark

3ᵉ rang *(3rd Row)*

2nd Lt Burdette Townsend, S/Sgt Charles Olah, 2nd Lt Gilbert Carson, 1st Lt Paul Lindloff, 1st Lt Kenneth Kincannon, 2nd Lt Andrew Mitchell, 1st Lt Ralph C. Lundgren, F/O Austin Kemski, 2nd Lt Thomas Link, F/O Gordon Sweeny, 2nd Lt Leslie Van Pelt, F/O Harold Axelson, 2nd Lt James Durden, F/O William Bruner, F/O John Devlin, F/O Vency Draper, F/O Valton Bray, 1st Lt Gilbert Swanson, Capt David Whitmore, 2nd Lt Tom Geisinger, 2nd Lt William Vongray, 1st Lt Donald Caldwell, F/O Orville Landers, F/O Torello Calvani, F/O William Ryan, 2nd Lt Richard Taresh, 2nd Lt Charles Smilinich, 2nd Lt James Powell, 1st Lt Walter Lamb, 1st Lt John Ramsey, 2nd Lt William Bash, 2nd Lt Graham Goulding, 1st Lt Edward Kocel, 2nd Lt James Leonard, 1st Lt Theron Miller, 2nd Lt Hubert Thomsen, 1st Lt Hubert Ackerson, 1st Lt Carl Ohm, F/O Albert Todd, Capt James Gray, MC, 2nd Lt William Wells, 1st Lt Richard Lum, F/O Ronald Stoner, F/O Richard Batlan, 1st Lt William Langstaff, 2nd Lt Everett Banta, 1st Lt Otis McLendon, 2nd Lt William Nelson, F/O Erwin Morales, 2nd Lt Leo G. Fitzpatrick

4ᵉ rang : de gauche à droite *(4th Row : Left to Right)*

John D. Wheeler, Anton J. Trigeiro, Grover E. Marler, Walter H. Richardson, Paul C. Jones, Herman R. Reed, George A. Morano, Earl J. Wellock, Raymond B. Walters, Calvin A. Vance, Howard S. Jones, George L. Kuntz, Anthony J. Callaghan, Glenn A. Stedtnitz, Anthony J. Squitiri, James O. Scott, Charles E. Wehby, Hubert T. Webb, Lester K. Schulze, Edward P. Castaldo, Richard B. Messinger, Arthur G. Umphrey, William Bianculli, Clarence J. Billington, Stephen E. Suszynski, Ova L. Tyree, Samuel S. D'Angola, Stanley V. Chaykowski, Donald S. Faske, Horace E. Craven, William B. Newton, Paul E. Griner, Thomas M. Branzell, Alvin J. Forsman, Narchie J. Terrizzi, Merril A. Shaw, John J. Rehak, Gerald J. Boudreau, Genaro B. Labrado, Walter C. Viestenz, Lawrence A. Miller, Eugene F. Wallace, Erwin C. Briggs, Leland V. Petersen, Ray S. Autrey, Marvin E. Meyer, John B. Stawizynski, Glenn A. Green, Jerome J. Kaskie, Norman G. Asmus, Alfred A. Schultz, Adam Vance, Chester J. Werle, Alfred W. Whitener, Woodrow W. Baldwin, Marion W. Jones, Stanley Patla, Clarence D. Lowrance, Charles R. Hussey, Richard E. Taylor, Oscar M. Bryan, Ralph H. Lohman, William B. Yeager, John T. Biglin, John A. Hutcheson, Edward M. Van Stone, Richard E. Thompson, Charles L. Watkins, Earl A. Jarboe, George J. Wilborn, Alvin E. Glatthaar, William B. Kopko, Robert A. Feinour, Paul S. Linnen, Eugene H. Hannon, Cyrus P. Thibdeau, David A. Neill, William H. Watson, John O. Crawford, Michael F. Traboscia, Tom O. Meder, James J. Brown, Louis M. Hoffman, William R. Brewer, William H. Isbell, James F. McClain, William J. Helmstadt, George J. Mears, Albertus A. Wiley, Antonio Sanchez, Henry H. Johnson, Floyd E. Bedell, Harold H. Pitts, Harry C. Warren, David W. Kelley, Aureliano R. Jimenez, Clarence C. Stout, Herman M. Weisberg, Bernard K. Gillespie, George H. Cooper, William L. Miller, Benjamin Paushter, Kenneth R. Stange, James S. Black, Hazel H. Harwell, John F. Williams, Jack W. Horton, Eugene C. Ferry, John E. Kingsten, Albert K. Bates, John F. Hanna, John F. Wilson, Edgar L. Green, Norman M. Barnett, Raymond J. Babiarz, Edwin T. Clapp, Sam De Sena, Sidney I. Bloom, Robert F. Resiner, Bernard J. Lewis, James F. Pestell

Dernier rang : de gauche à droite *(Top Row : Left to Right)*

Charles L. Robbins, Eugene J. Jendrzejewski, Richard C. Valiquette, Jack H. Kirk, William H. Owens, Wallace J. Schuette, Peter J. Viglione, Stephen Bernadzikowski, William Stromquist, John J. McCarthy, Melvin Myer, Larimer F. Kernan, Byrl L. Reid, Andrew J. Sullivan, Ledworth D. McGinnis, Edward H. Tunison, John B. Zeek, William H. Opferbeck, Albert M. Hawley, Morton Weiss, James H. Brown, Richard M. Terman, Robert H. Szkotnicki, Luther E. Miller, Walter R. Calhoun, Ernest L. Venegas, Rudolph G. Zimmerman, George M. Collins, William H. Johnson, John W. Pugh, Cliford C. Wade, Bert Michalczyk, Harvey M. Holm, James K. Smallwood, Joe D. Rounsaville, Stanley J. Jaskot, Basil W. Hendrick, Paul E. Potvin, Alfred C. Truesdale, Wayne M. Logue, Renald D. Parcesepe, Grady F. Murphy, Morris Schnitter, Roland J. Simoneau

Dans le cockpit *(In Cockpit)*

Paul Taylor

Pérennité du programme

Alors que les CG4-A arrivaient en masse dans les *Advanced Training Schools*, une péripétie allait endeuiller le développement du programme des planeurs. En mars 1943, le *Major* Lewin Barringer effectuait une visite en Angleterre afin d'évoquer avec l'Etat-Major anglais l'état d'avancement respectif de leur programme de planeurs. L'avion chargé de le ramener disparut au-dessus de la mer des Caraïbes. L'Amérique venait de perdre son plus grand spécialiste des planeurs. L'armée dut trouver un homme comparable à Barringer et nomma Richard C. Dupont comme successeur.

Dupont venait de prendre ses fonctions depuis seulement un mois lorsqu'une démonstration destinée à prouver l'utilité tactique des planeurs fut organisée à Kershaw, en Caroline du Sud, afin de vaincre les réticences de certains généraux. La manœuvre était la suivante : des paras de la *101st Airborne* devaient sauter afin de sécuriser une zone sur laquelle, quelques instants après, des planeurs devaient atterrir à leur tour afin de décharger du matériel. La démonstration fut un succès et permit de démontrer la valeur et l'efficacité des planeurs et de leurs équipages.

Alors que l'Amérique était entrée en guerre depuis 1941, les planeurs n'avaient pas encore connu leur baptême du feu : ce moment était proche.

Début 1943, alors que les Alliés combattaient les troupes de Rommel en Tunisie, l'Etat-Major décida de débarquer en Sicile qui représentait une intéressante base avancée en Méditerranée pour une future invasion de l'Italie. Ce serait vraiment le baptême du feu pour les unités aéroportées impliquées dans quatre missions. Les missions « Ladbroke » et « Fustian » devaient transporter par planeurs des troupes anglaises chargées de neutraliser les alentours de « Catiana » et « Syracuse » avant l'arrivée des forces du général Montgomery.

Les missions américaines « Husky I » et « Husky II » avaient pour but de tenir les hauteurs dominantes au-dessus de Géla, au sud de la Sicile, avant le débarquement de la *7th Army* de Patton.

Lorsqu'ils approchent des côtes le 10 juillet, les 136 Wacos et les 8 Horsas (planeurs anglais) de la mission « Ladbroke » sont immédiatement pris à partie par de puissantes défenses antiaériennes. Celles-ci détruisent de nombreux appareils et obligent les C-47 à détacher les planeurs trop loin de leur LZ. Pour ces raisons, 72 des 144 planeurs n'atteignirent jamais la côte.

« Husky I » qui emmène des paras de la *82nd Airborne* connaît des difficultés. Des vents violents détournent de nombreux C-47, ce qui engendre une confusion très importante. Seuls 40 C-47 larguent leurs paras à proximité des DZ.

Le 11 juillet 1943, les 144 C-47 de la mission « Husky II » prennent leur envol. Cette mission paraissait plus facile car les premières vagues de débarquement s'étaient enfoncées assez loin dans les défenses allemandes. Malheureusement, lors du survol de la flotte alliée, les bateaux les confondent avec des avions allemands et ouvrent le feu, détruisant 23 C-47 et en endommageant 37 autres.

Le 12 juillet, l'opération aéroportée « Fustian » combinant paras et planeurs se déroule dans des conditions comparables. De nouveau, les bateaux alliés ne reconnaissent ni les avions, ni les planeurs : ils tirent, détruisant de nombreux appareils avant que la *Flak* en fasse de même .

Malgré les difficultés rencontrées par les missions aéroportées, le débarquement est un succès. Cinq semaines plus tard, la Sicile est libérée.

Après cette opération, Eisenhower, afin de convaincre les autres généraux de l'Etat-Major refroidis par les résultats des opérations aéroportées en Sicile, demanda à Marshall d'organiser une commission destinée à améliorer la formation et l'entraînement des paras et des unités de planeurs.

Malheureusement, le 1er août 1943, le Waco CG4-A allait encore une fois faire parler de lui. La société *Robertson Aircraft*, un des seize fabricants de planeurs, décida d'organiser une démonstration en vol sur l'aérodrome de Lambert Field à Saint-Louis (Missouri). Toutes les sommités de la ville prirent place à bord : le maire, le procureur, le président de la chambre de commerce, le PDG de Robertson, son adjoint et cinq autres personnes. Juste après s'être détaché à 2 000 pieds (600 mètres), le Waco perdit une aile et tomba à pic vers le sol. Personne ne survécut. Des enquêteurs de l'*US Army Air Forces* ainsi que du FBI menèrent leurs investigations. Il s'avéra que la cause de l'accident provenait de la rupture d'une pièce métallique reliant l'aile à la structure. Fabriquée par *Gardner Metal Product*, cette pièce se révélera d'une épaisseur insuffisante. Deux employés de chez Robertson, Charles C. Letty, responsable du contrôle-qualité, et William A. Williams, le responsable des approvisionnements (*Chief Receiving Inspector*) en pièces détachées, furent renvoyés mais la société continua à produire des Wacos jusqu'à la fin de la guerre. Les généraux de l'Etat-Major de Washington, déçus par le semi-échec des planeurs en Sicile et encore sous le choc du crash de Saint Louis, remettaient de plus en plus en cause la pérennité du programme de planeurs. En effet, certains officiers supérieurs très influents ne comprirent jamais l'utilité du programme de planeurs et profitaient de toute erreur pour demander son annulation.

Atterré par l'ampleur médiatique de cette catastrophe dans les journaux américains et afin de rassurer l'Etat Major, le général Arnold organisa le 4 août 1943 une démonstration devant un parterre de généraux à la Laurinburg Maxton Army Air Base. Du résultat de cette démonstration allait dépendre la pérennité du programme. La première partie consista à prouver qu'il était possible de récupérer au sol un planeur par un avion. Un système de poteaux auxquels était attachée une corde permettait à un C-47

Mike Murphy (à droite) pris à Laurinburg-Maxton en 1943. *(438th TCG.)*
Mike Murphy (right) taken at Laurinburg-Maxton in 1943.

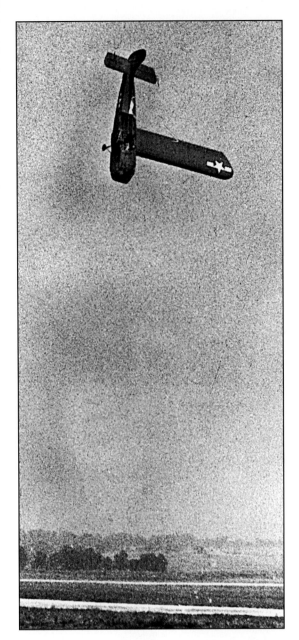

Photo prise quelques secondes avant le crash du Waco à Saint-Louis le 1er août 1943. (Saint-Louis Globe Démocrat.)

Photo taken just seconds before the Waco crash at Saint-Louis on August 1, 1943.

de passer en rase-mottes et d'accrocher le planeur, permettant ainsi d'extraire des blessés des zones de combats, de récupérer du matériel et de réutiliser éventuellement les appareils. Cette invention servait à l'origine pour récupérer des sacs de courrier dans des endroits reculés ou inaccessibles.

La seconde partie de la démonstration fut encore plus concluante. A la tombée de la nuit, le *Major* Murphy, responsable de la démonstration, emmena tous les spectateurs devant un grand champ vide bordé d'arbres et illuminé par des projecteurs. Il demanda le silence et fit éteindre les lumières. Une fanfare militaire commença à jouer un morceau. Quelques minutes passèrent et soudain le *Major* Murphy cria : « lumière » et, à la surprise générale, les planeurs se trouvaient devant eux à une dizaine de mètres environ, les troupes sorties, prêtes à combattre. L'effet fut fabuleux et la plupart des généraux repartirent convaincus de l'utilité de cette nouvelle arme.

Long-term future of the program

As the CG4-A arrived in large numbers at the Advanced training schools, the glider development program was hit by tragedy. In March 1943, Major Lewin Barringer was making a visit to England to discuss the progress of their respective glider programs with the British chiefs of staff. The plane bringing him home disappeared over the Caribbean Sea. With him, America had lost its leading glider specialist. The army had to cast around for someone of Barringer's caliber, and appointed Richard C. Dupont to succeed him.

Within a month of Dupont taking over, a demonstration intended to prove the tactical value of gliders and overcome the reservations of certain generals was arranged at Kershaw, in South Carolina. The maneuver was as follows: paratroops of 101st Airborne were to jump to secure a zone on which gliders were in turn to land a few moments later to unload equipment. The demonstration went well and did in fact prove the value and effectiveness of the gliders and their crews.

America had been at war since 1941 and gliders had still not been used in battle: they had not much longer to wait.

Early in 1943, as the Allies were fighting Rommel's troops in Tunisia, the General Staff decided to make a landing in Sicily, which was a useful springboard in the Mediterranean for a subsequent invasion of Italy. This was to be the first taste of action for the airborne units involved in four missions. The "Ladbroke" and "Fustian" missions were to provide glider transport for British troops detailed to neutralize the area around Catiana and Syracuse before Montgomery's men arrived on the scene.

The aim of the U.S. "Husky I" and "Husky II" missions was to hold the high ground overlooking Gela, in southern Sicily, prior to the landing of Patton's Seventh Army.

As they approached the coast on July 10, the 136 Waco and 8 British Horsa gliders of Mission Ladbroke drew immediate fire from powerful flak guns which destroyed a number of planes and forced the C-47s to release their gliders too far away from their LZ. This led to 72 of the 144 gliders never reaching the coast.

"Husky I", carrying paratroopers of 82nd Airborne, encountered difficulties with violent winds blowing many C-47s off course, resulting in great confusion. Only 40 C-47s dropped their paratroops anywhere near their DZ.

On July 11, 1943, the 144 C-47s took off on «Husky II». This mission appeared easier as the leading waves of the landing troops had struck fairly deeply into the German defenses. Unfortunately, as they flew over the Allied fleet, the ships took them for German aircraft and opened fire, destroying 23 C-47s and damaging another 37.

On July 12, the airborne operation "Fustian", combining paratroops and gliders, was launched in similar conditions. Once again, the Allied ships failed to identify either the aircraft or the gliders ; their gunfire destroyed many planes before the German flak took over.

Despite the difficulties encountered by the airborne missions, the landing was a success and Sicily was liberated within five weeks.

Following this operation, Eisenhower, needing to convince the other generals on the General Staff whose enthusiasm had been dampened by the results of the airborne operations in Sicily, asked Marshall to set up a committee to improve training and instruction for the paratroops and glider units.

Unfortunately, on August 1, 1943, the Waco CG4-A was in the news again. One of the sixteen glider makers, the Robertson Aircraft corporation, decided to organize a demonstration flight over the Lambert Field airfield at Saint Louis (Missouri). All the local dignitaries took their seats on board: the mayor, the state prosecutor, the president of the chamber of commerce, Robertson's CEO, his deputy, and five others. Just after breaking free at 2,000 feet, the Waco lost a wing and plummeted to the ground, killing all on board. US Army Air Force and FBI investigators held an inquiry which determined the cause of the accident as being the failure of a metal part connecting the wing to the frame. This part, made by Gardner Metal Product, turned out to be too thin. Two Robertson employees, Charles C. Letty, Quality Control Inspector in charge, and William A. Williams, spare parts Chief Receiving Inspector, were dismissed, but the company continued to manufacture Wacos until the end of the war. The generals on the General Staff in Washington were disappointed at the semi-failure of the gliders in Sicily and still recovering from the shock of the Saint Louis crash, and cast further doubt on the long-

1. Un PG 2 fabriqué par Northwestern. L'armée américaine testa en effet des Wacos CG4-A équipés de moteurs de 200 chevaux. Cette idée ne sera pas retenue après les tests. (Silent Wings Museum.)

2. Un B-26 récupérant un Waco au sol. Technique du « snatching ». (Victor Matousek.)

3. Entraînement à la récupération au sol d'un Horsa à Laurinburg-Maxton, le 17 mars 1944. (Victor Matousek.)

4. Notice d'information pour pilotes de planeur. (Robert C. Casey.)

1. A PG 2 manufactured by Northwestern. The U.S. Army did carry out tests on Waco CG4-As fitted with 200 HP engines. The idea was dropped following the tests.

2. A B-26 recovering a Waco on the ground. «Snatching» technique.

3. Training in recovering a Horsa at the Laurinburg Maxton Army Base, March 17, 1944.

4. Information booklet for glider pilots.

term future of the glider program. Indeed, for some very influential superior officers who never understood the point of the glider program, each mistake was an excuse to call for it to be cancelled.

General Arnold, staggered at the media coverage given to the catastrophe in the American press, on August 4, 1943 organized a demonstration before an audience of generals at Laurinburg Maxton Army Air Base, in an attempt to reassure the General Staff. The first part was designed to prove how it was possible for a plane to pick up a glider on the ground. A system of posts to which a rope was attached enabled a C-47 to pass low overhead and hook up the glider, enabling evacuation of wounded men from a combat zone, recovery of equipment and possible reutilization of the gliders. This invention was originally used to pick up mailbags in remote or inaccessible places.

The second part of the demonstration was even more conclusive. At nightfall, Major Murphy in charge of the demonstration took all the spectators to a big empty, tree-lined, floodlit field. He called for silence and had the lights switched off. A military band then began to play some music. A few minutes went by and suddenly Major Murphy shouted «lights on!» and to everyone's surprise, there were the gliders in front of them, only thirty feet away, with the men out on the ground, ready for action. The effect was tremendous, and most of the generals went home convinced of the value of this new weapon.

INFORMATION FOR PILOTS AND CREWS

ON THE

GLIDER PICKUP

SYSTEM

Les améliorations techniques

L'*US Army Air Forces* cherchait continuellement à améliorer le Waco CG4-A. Un de ses points faibles résidait dans l'avant du planeur. La tubulure métallique revêtue de toile se révélait insuffisante en cas de choc frontal. La *Ludington-Griswold Company* de Saybrook dans le Connecticut proposa l'installation d'un renfort métallique externe permettant de renforcer la cellule frontale et de protéger les pilotes.

Inventé par le directeur de l'entreprise Roger W. Griswold II, ce système fut testé à Wright Field. Les premiers « *Griswold Nose* » furent installés sur les Wacos quelques semaines à peine avant le Jour J.

Les ingénieurs essayaient aussi de trouver un système de patins à installer sur la cellule frontale du planeur afin que le pilote puisse porter tout le poids de l'appareil sur l'avant à l'atterrissage afin de limiter la distance d'arrêt : cela devait servir à protéger l'intégrité du planeur pour qu'il puisse être récupéré. Deux systèmes différents furent testés. Le premier fut soumis par un ingénieur civil, Mr Parker. Son système, simple, léger et peu coûteux, consistait à installer un large patin au centre de la cellule du Waco.

Le second fut proposé par le lieutenant-colonel Warner R. Corey, *Chief Glider Maintenance Officer*, et consistait à fixer trois patins sur une tubulure en « V » permettant de recouvrir toute la base de la cellule.

Des tests se déroulèrent du 14 au 16 mars 1944 à Laurinburg Maxton. C'est le *38th TCS* qui s'en occupa . Mis sur pied début 1942, le rôle de cette unité était à l'origine de convoyer les planeurs à partir des usines de fabrication jusqu'aux bases d'entraînement disséminées dans tous les Etats-Unis. A partir de l'été 1943, le *38th TCS* fut déplacé à Laurinburg Maxton afin de superviser la formation des pilotes et d'effectuer les essais de nouveaux systèmes inventés à Wright Field.

Le *2nd Lieutenant* Victor Matousek participa à ces essais. Etant un des premiers à avoir reçu son diplôme de pilote de planeur, il fut un des premiers instructeurs puis fut muté en juillet 1943 à Bowman Field (Kentucky) comme ingénieur pour superviser le montage et la réparation des Wacos en transit.

Arrivé à Laurinburg Maxton en janvier 1944, Victor Matousek fut chargé de s'occuper des tests des patins. Après de nombreux atterrissages effectués à différentes vitesses avec divers chargements, le « *Corey-skid* », (triple patin) pourtant plus complexe à fabriquer, plus lourd et plus coûteux, fut choisi du fait de sa résistance en cas d'atterrissage difficile. Cependant, on autorisa le montage du « *Parker-skid* » (simple patin) lorsqu'il était couplé au « *Griswold Nose* », mais en aucun cas installé seul.

Pour que le pilote de planeur puisse parler au pilote du C-47 qui le remorquait, un câble radio-téléphonique fut attaché à la corde les reliant. Cependant, ce système ne fonctionnera jamais très bien et les pilotes ne se fiaient qu'à la lumière verte *(Green Light)* présente au-dessus du C-47 leur signalant qu'ils pouvaient se détacher.

Un autre système consistait à placer un parachute à l'arrière du Waco afin de pouvoir ralentir la vitesse d'atterrissage du planeur. L'inconvénient principal de ce système était qu'en cas d'atterrissage à proximité d'arbres, le parachute pouvait s'y attacher et causer un accident. Comme pour le câble téléphonique, cet équipement ne fut pas systématiquement installé sur les planeurs. (4)

Ci-dessus : Parachute arrière. (Silent Wings Museum.)

Ci-dessous : Gros plan du système d'accrochage du câble radio sur la corde reliant le C-47 au Waco. (Coll. de l'auteur.)

Above : Rear parachute.

Below : Close-up of the radio cable hook-up system onto the tow-rope linking the C-47 to the Waco.

(4) A partir de l'opération « Market-Garden », les pilotes eurent le choix entre « *Griswold Nose* » et parachute permettant de ralentir le planeur, mais pas les deux en même temps.

Ci-dessous : Le 16 mars 1944 à Lauringburg-Maxton. De gauche à droite : M. Parker, designer du patin simple *(single skid)* ; le lieutenant-colonel Corey, designer du patin triple *(triple skid)* ; un officier ; le *2nd Lieutenant* Frank Siegel, co-pilote ; le *2nd Lieutenant* Victor Matousek, pilote responsable des tests. (Victor Matousek.)

Below : *March 16, 1944 at Lauringburg-Maxton. Left to right : M. Parker, designer of the single skid ; Lieutenant-Colonel Corey, designer of the triple skid ; an officer ; 2nd Lieutenant Frank Siegel, co-pilot ; 2nd Lieutenant Victor Matousek, pilot responsible for the tests.*

Technical enhancements

The US Army Air Forces were constantly seeking to enhance the Waco CG4-A. One of its weak points lay in the glider's nose. The fabric-covered metal tubing proved inadequate in the event of a head-on collision. The Ludington-Griswold Company of Saybrook (Connecticut) suggested fitting an external metal stiffener to strengthen the front airframe and protect the pilots.

Invented by the company manager Roger W. Griswold II, the system was tested at Wright Field. The first «Griswold noses» were fitted onto the Wacos just weeks before D-Day.

The engineers also tried to devise a skid system for fitting onto the glider's front airframe so that the pilot could bring the full weight of the appliance to bear on the front end upon landing so as to reduce its stopping distance and thereby help to keep the glider in one piece for recovery. Two different systems were tested. One was submitted by a civilian engineer, Mr. Parker. His simple, light and inexpensive system involved fitting a large skid under the center of the Waco's airframe.

The other was put forward by Lieutenant-Colonel Warner R. Corey, Chief Glider Maintenance Officer, and involved fitting three skids on a V-shaped tube so as to cover the entire base of the airframe.

Tests were performed from March 14 to 16, 1944 at Laurinburg Maxton with 38th TCS. This unit was raised early in 1942 initially for the purpose of conveying the gliders from the factories to the training bases all over the United States. As of the summer of 1943, 38th TCS was moved to Laurinburg Maxton to supervisor pilot training and carry out testing of the new systems invented at Wright Field.

2nd Lieutenant Victor Matousek took part in the tests. Being one of the first to receive his glider pilot's diploma, he was one of the first instructors, and was then transferred in July 1943 to Bowman Field (Kentucky) as an engineer overseeing the assembly and repair of Wacos in transit.

Upon arriving at Laurinburg Maxton in January 1944, Victor Matousek was appointed to take charge of tests on the skids. After numerous landings had been tried at different speeds with various loads, the Corey (triple) skid, although dearer, heavier and more complex to make, was chosen for its resistance in the event of a difficult landing. However it was allowed to mount the Parker (single) skid when coupled to the Griswold nose, but on no account was it to be fitted on its own.

To enable the glider pilot to speak to the C-47 pilot towing him, a radio-telephone cable was fixed to the tow rope. However this system never worked properly and the pilots just relied on the green light in the astrodome of the C-47 telling them when they could cast off the glider.

Another system involved fitting a parachute to the stern of the Waco so as to slow it down during landing. The major drawback with this method was the danger of the parachute causing an accident when landing among trees. As with the telephone cable, this equipment was not systematically installed on the gliders. (4)

(4) Starting with Operation Market Garden, pilots had a choice between the Griswold Nose and the parachute to slow down their glider, but not both together.

« Griswold Nose », « single skid » et « triple skid »

1. Patin simple developpé par M. Parker. Cette photo montre aussi le « Griswold Nose » permettant de renforcer l'avant du planeur. (Victor Matousek.)

2. Patin triple développé par le lieutenant-colonel Corey. C'est ce système qui sera retenu après les tests. (Victor Matousek.)

3. Le 16 mars 1944 à Laurinburg-Maxton. Test d'endurance du « Corey Triple Skid ». (Victor Matousek.)

4. Gros plan sur un triple patin *(Corey Triple Skid)* après plusieurs atterrissages. (Victor Matousek.)

1. *Single skid developed by M. Parker. This photo also shows the « Griswold Nose « used to strengthen the glider front section.*

2. *Skid triple developed by Lieutenant-Colonel Corey. This was the system that was adopted after the tests.*

3. *March 16, 1944 at Laurinburg Maxton. Endurance testing of the « Corey Triple Skid ».*

4. *Close-up of a Corey triple skid after several landings.*

These are the officers I had, except the Capt + 2nd Lt. Most all of us got commissions out of that little organization and thats pretty good.

Le groupe d'officiers chargés de superviser l'assemblage des planeurs à Bowman Field au Kentucky. (Victor Matousek.)

The group of officers responsible for supervising assembly of the gliders at Bowman Field, Kentucky.

Patch en cuir (jamais cousu) du *38th Troop Carrier Squadron* chargé de l'entraînement. (Coll. de l'auteur.)

(Unsewn) leather patch of 38th Troop Carrier Squadron responsible for training.

Ligne d'assemblage du Waco CG4-A à Bowman Field, Kentucky. (Victor Matousek.)

Waco CG4-A assembly line at Bowman Field, Kentucky.

This is my old outfit from Bowman Field, Kentucky. I started out with ten men, this is what I ended up with. Each a master of his trade. I felt pretty proud of these boys as I trained all of them. Some of these are the finest men I've ever met. They wanted this picture taken before I left; I wanted it to be only of the mechanics but they insisted I be the only officer in it.

This is my right hand man. I had him transferred with me when I left.

Le groupe des mécaniciens chargés de l'assemblage des Wacos à Bowman Field au Kentucky. Ils demandèrent que Victor Matousek pose avec eux avant son départ pour Minnéapolis pour superviser l'assemblage du nouveau planeur CG13 chez *Northwestern*. (Victor Matousek.)

The group of mechanics responsible for assembly of the Wacos at Bowman Field, Kentucky. They asked Victor Matousek to pose with them before he left for Minneapolis to supervise assembly of the new CG13 glider at Northwestern.

Gros plan sur un Waco CG13, planeur plus imposant permettant de transporter davantage de troupes et de matériels. Ce planeur ne fut pas utilisé en Normandie. (Victor Matousek.)

Close-up of a Waco CG13, a larger glider that could carry more troops and equipment. This glider was not used in Normandy.

Deuxième partie :
Objectif Normandie
Part two :
Objective Normandy

Les préparatifs

A partir de novembre 1943, les TCG reçurent l'ordre de départ pour !'Angleterre. De tous les Etats-Unis, des trains affluèrent vers New York d'où les soldats s'entassèrent sur des paquebots à destination de l'Ecosse. Ce voyage laissa un mauvais souvenir aux soldats. A bord du *Queen Mary*, par exemple, entre 9 000 et 16 000 soldats étaient installés à bord. Ce paquebot n'était conçu que pour 2 000 soldats : pas assez de toilettes pour tous, des cabines surchargées et surtout la peur d'être coulés par un sous-marin allemand ; tout ceci rendit le voyage pénible.

Après les six jours de traversée, ils débarquèrent pour s'entasser à nouveau dans des trains à destination de leur base d'affectation.

Après s'être installés dans leurs cantonnements disséminés dans toute l'Angleterre, les pilotes de planeurs reprirent l'instruction : entraînement physique, tir, cours théoriques étaient au programme.

Les quelques mois en Angleterre permirent aussi aux pilotes de se familiariser au pilotage du planeur standard de la *Royal Air Force*, le *Airspeed AS 51 Horsa*. Dès 1943, certains pilotes avaient déjà pu s'entraîner sur cet appareil à la Laurinburg Maxton Air Base qui était dotée de quelques exemplaires envoyés par les Anglais. Il était fabriqué en contre-plaqué et était plus imposant que le Waco. Il pouvait transporter 28 soldats plus les deux pilotes ou deux Jeeps ou encore une Jeep et un canon de 75 mm.

Son déchargement s'opérait non pas en soulevant la cellule frontale comme sur le Waco mais en détachant la partie arrière de l'appareil par deux moyens différents. Le premier consistait à faire exploser un cordon d'explosif léger présent dans la structure du planeur. Le *RAF Technical Development Unit* chargé de la recherche et du développement avait aussi inventé un système de six boulons explosifs qui désolidarisait la queue du Horsa sans endommager la structure.

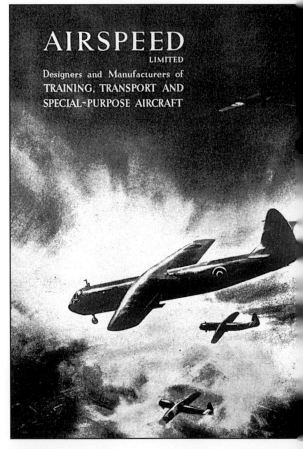

Publicité de la société « *Airspeed Limited* » qui fabrique les planeurs Horsas en Angleterre. (Tariel/National Archives.)
Advertisement of the Airspeed Limited corporation which made the Horsa glider in England.

Spécificités techniques du Airspeed Horsa	
Envergure	26,82 m
Longueur	20,42 m
Poids à vide	3 900 kg
Poids total en charge	7 020 kg
Vitesse maxi de remorquage en vol	260 km/h

Une fois que le planeur était ouvert, deux rampes métalliques permettaient de sortir les Jeeps du planeur.

En règle générale, les pilotes étaient plus à l'aise avec le Waco considéré comme plus léger et plus maniable que le Horsa. De plus, au moment de l'atterrissage, les pilotes pouvaient diriger le Waco en freinant plus avec une roue qu'avec l'autre, ce qui n'était pas possible avec le Horsa. Cependant, ce dernier était équipé d'ailerons hydrauliques permettant une perte d'altitude plus rapide, ce qui pouvait faciliter l'atterrissage. La société *Airspeed* commença à produire cet appareil en juin 1942 et en livra 5 000 jusqu'à la fin de la guerre.

Simultanément à l'entraînement des pilotes de planeurs, il fallut organiser le transport des Wacos des Etats-Unis vers l'Angleterre. Cinq caisses de tailles différentes étaient nécessaires au transport d'un CG4-A. Une caisse pour la cellule frontale, une pour le fuselage, une pour la queue, une pour les moitiés avant des ailes et la dernière pour les parties arrières de celles-ci. Elles furent transportées à partir de mai 1943 en fonction des besoins. A partir

Dernière soirée à New York avant le départ pour l'Angleterre. De gauche à droite : Cliff Fearn (pilote de planeur), Desle Miller (officier ingénieur), Norma Raymond (mannequin), Glenn Miller et Darlyle Watters (pilotes de planeur). (Darlyle Watters.)
Last evening in New York before leaving for England. Left to right : Cliff Fearn (glider pilot), Desle Miller (engineering officer), Norma Raymond (model), Glenn Miller and Darlyle Watters (glider pilots).

de juillet 1943, des civils britanniques furent recrutés afin d'assembler les CG4-A dans la base d'Aldermaston. Très vite, de très gros soucis de qualité apparurent. Ces civils n'étaient pas épaulés par des ingénieurs américains et devaient se contenter des notices techniques. Au moins un tiers des planeurs assemblés par leurs soins étaient recalés aux tests en vol. Par ailleurs, malgré la politique de standardisation des pièces de planeurs, on ne pouvait pas toujours interchanger des pièces d'un Waco à un autre. Par exemple, il était impossible d'assembler un planeur à partir de pièces provenant de *General Aircraft* et de *Commonwealth Aircraft*. Les câbles de transmission étaient trop courts de quelques centimètres et ne permettaient pas d'être reliés ensemble. Certaines pièces n'arrivaient pas à s'emboîter et devaient être rentrées en force.

L'Etat-Major se rendit compte de l'importance d'avoir un personnel formé spécifiquement au montage des Wacos. Pour cette raison, une session de six semaines fut mise sur pied à la base de Sheppard Field : la *Glider Mechanics School*. Le but était de former des mécaniciens militaires chargés de maîtriser le montage, le réglage et l'entretien des Wacos. Au fil des mois, des centaines de mécaniciens y furent envoyés (mais aussi des pilotes lorsque les *Pools* étaient pleins).

Le 25 août 1943, le F/O Henry H. Stout du *724th Training group* et 129 autres mécaniciens du *711th Training group*, tous issus de cette formation, reçurent l'ordre de se préparer afin d'être envoyés en Angleterre.

Le *Queen Mary* accosta à Glasgow le 25 septembre 1943. Ils rejoignirent Camp Columbia aux abords de la ville de Reading pour former une unité baptisée la *26th Mobile Reclamation and Repair Squadron*, le 10 novembre 1943. Celle-ci était destinée à se rendre sur les aérodromes afin de réceptionner et monter les Wacos.

Cette base se situait à 20 kilomètres de Crookham Common, un des endroits où les caisses de Wacos étaient stockées. Il y avait neuf autres bases : Aldermaston, Andover, Grove, Keevil, Langford Lodge, Middle Wallop, Ramsbury, Stoney Cross et Warton. Très rapidement, des problèmes logistiques apparurent.

Il fallait organiser le transport des *Glider mechanics* vers les dix sites de stockage. De plus, au déchargement des caisses à Glasgow, il n'était pas rare que les cinq caisses d'un même planeur soient envoyées vers des bases différentes. La cellule frontale d'un appareil pouvait se retrouver à Warton et le fuselage à Aldermaston.

Aussi, afin d'accélérer et de fiabiliser le montage des Wacos, on réintégra toutes les caisses disséminées dans les 10 sites de montage en un seul endroit : Crookham-Common. Certaines des autres bases étaient déjà utilisées par les chasseurs-bombardiers ou d'autres types d'appareil et l'exiguïté créait des problèmes de cœxistence entre les différentes structures. Crookham-Common était la plus vaste de toutes les bases et c'est pourquoi elle serait exclusivement réservée au montage des planeurs. Il fallut plusieurs semaines pour réceptionner et organiser le rangement de centaines de caisses classées par type, fabricants et numéros de série afin que l'on puisse retrouver les cinq caisses d'un même appareil.

Au fil des mois, le *26th MR&R* améliora son organisation. En novembre 1943, ils montèrent 60 Wacos. En avril 1944, un ordre d'assemblage de 600 planeurs arriva. Jamais autant d'appareils n'avaient été demandés. Travaillant sans relâche de 6 heures du matin jusqu'à 22 heures, les *Glider*

Preparations

As of November 1943, the TCGs were ordered to leave for England. Trains from all over the United States headed for New York, where the soldiers got off to board liners due to sail for Scotland. The voyage left unhappy memories for the men. On board the *Queen Mary* for instance, a liner designed to take 2,000 men, there were somewhere between 9,000 and 16,000 soldiers. This meant not enough toilets to go round, overcrowded cabins and most of all fear of being sunk by a German U-boat, all of which made for an uncomfortable passage.

After the six-day crossing, they came ashore once more to pile up on trains taking them to their allocated bases.

Once they had settled into their billets all over England, the glider pilots resumed their instruction: physical training, shooting and theory courses were all on the program.

Their few months in England also enabled the pilots to get used to flying the standard Royal Air Force glider, the Airspeed AS 51 Horsa. Already in 1943, some pilots had had an opportunity to train with this model at the Laurinburg Maxton Air Base, where a few Horsas had been supplied by the British. The Horsa was made of plywood and was more imposing than the Waco. It could carry 28 troops plus the two pilots, or two jeeps, or one jeep and a 75 mm gun.

It was unloaded not by lifting the front airframe as on the Waco, but by detaching the rear section of the glider by two different means. The first involved exploding a thread of light explosive inside the glider frame. The RAF Technical Development Unit responsible for research and development had also devised a system with six explosive bolts that loosened the Horsa's tail without damaging the frame.

Once the glider was opened, the jeeps were driven out down two metal ramps.

As a rule, the pilots were more at home with the Waco which they felt was lighter and easier to handle than the Horsa. Also, when landing, they could steer the Waco by braking with one wheel more than with the other, which they could not do with the Horsa. However, the Horsa had hydraulic ailerons enabling it to lose height more quickly, making for an easier landing. The Airspeed corporation began production of this glider in June 1942, delivering 5,000 of them by the end of the war.

Meanwhile, as the glider pilot training went ahead, the Wacos had to be brought over to England from the United States. The CG4-A was transported in five crates of different sizes. One crate for the front airframe, one for the fuselage, one for the tail section, one for the front halves of the wings, and one for the rear halves. They were sent over as and when they were needed, starting in May 1943. From July 1943, British civilians were recruited to assemble the CG4-A at the base at Aldermaston. Major problems with quality soon emerged however. The civilians had no support from the American engineers and had to make do with the technical manuals. A third, no less, of the assembled gliders failed their flight tests. Also, despite the standardization policy relating to glider parts, such parts were not always interchangeable from one Waco to another. It was not possible, for example, to assemble a glider from parts made by General Aircraft and Commonwealth Aircraft. The transmission cables were a couple of inches too short and could not be connected up. And some parts would not fit together and had to be forced into each other.

The chiefs of staff realized how important it was to have specially trained personnel to assemble the Waco. Accordingly, a six-week session was arranged at the Sheppard Field base – the Glider Mechanics School. The aim was to train military mechanics to oversee Waco assembly, adjustment and maintenance. As the months went by, hundreds of mechanics were sent there (and pilots as well when the Pools were full).

On August 25, 1943, F/O Henry H. Stout of 724th Training Group together with another 129 mechanics from 711th Training Group, who had all been on this course, were ordered to be ready to sail for England.

Airspeed Horsa, technical specifications	
Span	88 ft 0 in
Length	67 ft 0 in
Empty weight	7,800 pounds
Maximum take-off	14,040 pounds
Maximum towing speed	162 mph

mechanics dépassèrent les prévisions et montèrent 961 appareils, c'est-à-dire 4 805 caisses à trouver, déplacer et assembler. En mai 1944, un autre ordre demanda 593 Wacos supplémentaires. Tous furent prêts en temps et en heure. De plus, les premiers systèmes de « *Griswold Nose* » permettant de renforcer l'avant du planeur venaient d'arriver et il fallait les installer sur les appareils. 288 en furent équipés pour début juin.

Les membres du *26th MR&R Squadron* avait un statut assez précaire au sein de l'*Army Air Forces*. N'étant pas pilotes de planeur, ils n'étaient pas *Flight Officers* mais simplement hommes du rang *(Enlisted men)*, le plus gradé étant *Private First Class* (soldat de première classe). Nouvellement créée, cette unité manquait de tout. Etant stationnés à 20 kilomètres de leur base, les hommes n'avaient aucune infrastructure sur leur lieu de travail. Ils durent récupérer les caisses desquelles avaient été sortis les planeurs afin de les transfor-

mer en PX (*Post Exchange* : bureau de poste), coiffeur, salle de repos, bureau administratif.

Fin avril 1944, seuls 910 Wacos avaient été montés et distribués aux différentes bases d'entraînement. Ce même mois fut envoyé un appareil très symbolique pour l'armée US. En effet, cet appareil avait été construit dans la petite ville de Greenville (Michigan) par la « *Gibson Refrigerator Company* », petite société n'ayant aucune expérience dans la fabrication de planeurs. En 1943, les étudiants du lycée de Greenville décidèrent d'acheter un planeur à la *Gibson* et de l'offrir à l'*US Army Air Forces* afin de prouver leur patriotisme. Ils avaient besoin de 17 000 dollars pour pouvoir y arriver. Les collégiens et lycéens de Greenville firent imprimer des bons et démarchèrent leurs amis, parents et habitants de la ville. A la fin de cette quête, ils amassèrent la somme de 72 000 dollars, ce qui leur permit d'acheter quatre planeurs. Le 19 mai 1943, le maire de la ville, Oscar Rasmussen, organisa une grande fête autour des planeurs dans le stade municipal, le Black Athletic Field. Les écoles et les magasins fermèrent, une parade parcourut les rues de la ville. En tête de ce cortège se trouvaient les huit étudiants ayant vendu pour plus de 1 000 dollars de bons.

Le défilé se termina au stade où était exposé un des planeurs qui fut baptisé le « *Fighting Falcon* » par l'une des huit élèves : Sally Church. Deux semaines plus tard, les planeurs furent envoyés en Angleterre. Quand le *Brigadier-General* Paul L. Williams, commandant de la *9th Troop Carrier Command*, eut vent de cette histoire, il décida que le « *Fighting Falcon* » serait le premier planeur à se poser en Normandie.

A la même période, les éléments des *50th* et *53rd TCW* furent déplacés dans le sud de l'Angleterre afin de se rapprocher des objectifs du Jour J.

Le quotidien des pilotes de planeurs consistait à mener des entraînements de vol en formation diurne et nocturne, à effectuer des simulations d'assaut sur des zones précises et à parfaire leur pilotage sur le planeur Horsa : même si certains d'entre eux avaient utilisé ce planeur à Laurinburg Maxton, leur entraînement nécessitait d'être amélioré. Donc du mois de mars 1944 au Jour J, des instructeurs anglais furent chargés de former les pilotes US à manœuvrer ce planeur plus lourd et apparemment moins maniable que le Waco (baptisé « Hadrian 1 » dans la nomenclature anglaise). De plus, les pilotes de planeurs étant susceptibles de combattre après s'être posés, devaient s'entraîner à la manipulation des canons et mortiers qu'ils allaient transporter. L'entraînement des pilotes de planeurs fut régulièrement endeuillé par de nombreux accidents en vol en Angleterre et précédemment aux Etats-Unis. Pour ces raisons, les planeurs furent parfois surnommés les cercueils volants *(Flying coffins)*. Au cours des mois, l'entraînement s'intensifia : des cours de combat au corps à corps et de tir s'ajoutèrent à la longue liste des exercices effectués. Ereintés par tant d'activités, les soldats des TCG trouvèrent tout de même l'énergie nécessaire pour partir en quartier libre dans les villes avoisinantes lorsque le programme le permettait. La plupart se ruaient dans les restaurants afin de prendre un repas de meilleure qualité que celui servi à la cantine de la base et finissaient la soirée dans les pubs ou les dancings. Lors des permissions, les pilotes de C-47 et de planeurs souffrirent de la confusion entre ATC *(Air Transport Command)* et TCS. La différence résidait dans le fait que les TCS participaient à des missions de transport d'hommes et de matériels au combat alors que l'ATC transportait des marchandises entre les différents théâtres d'opérations ou entre les bases aériennes.

Au fil des mois, la présence de centaines de milliers de soldats US dans toute l'Angleterre créa parfois des tensions auprès de la population et des troupes britanniques stationnées à proximité. En effet, les Américains touchaient une meilleure solde (officier US : 217 dollars, officier GB : 101 dollars ; caporal US : 77 dollars, caporal GB : 20 dollars) et avaient de surcroît un succès certain auprès des représentantes de la gent féminine anglaise impressionnées par ces riches et élégants soldats venus de l'autre côté de l'Atlantique.

Certains lendemains de fête furent difficiles pour les troupes US mais il fallait reprendre l'entraînement pour remplir leur future mission qui se précisait de plus en plus. Certains signes ne trompaient personne : par exemple, on donna des habits civils aux soldats afin qu'ils soient pris en photo. Celles-ci devaient servir à élaborer des faux papiers d'identité en cas de contact avec la Résistance ; on attribua à chacun un kit de survie comprenant une petite boussole, quelques biscuits, du chocolat, des pastilles contre le sommeil, des pastilles de décontamination de l'eau et une pochette plastique permettant de la recueillir. Chacun perçut aussi un drapeau américain destiné à être cousu sur leur manche droite pour être reconnu des populations libérées.

Trois jours avant l'invasion, toutes les bases furent bouclées : plus de permission, ni de courrier, ni de coup de téléphone. Les unités destinées à partir au combat furent isolées des autres personnels et regroupées dans des baraquements gardés 24 heures sur 24 et entourés de fil de fer barbelés. Des sentinelles encadraient les soldats dans tous leurs déplacements afin d'interdire tout contact avec les unités non combattantes. La protection du secret était à ce prix.

The *Queen Mary* berthed at Glasgow on September 25, 1943. They joined Camp Columbia, near Reading, to form a unit known as the 26th Mobile Reclamation and Repair Squadron, on November 10, 1943. The squadron was to go to airfields to receive and assemble the Wacos.

This base was located 12 miles from Crookham Common, one of the places where the Waco crates were warehoused. There were nine other bases, at Aldermaston, Andover, Grove, Keevil, Langford Lodge, Middle Wallop, Ramsbury, Stoney Cross and Warton. It was not long before they were facing logistical problems.

Transport had to be laid on to get the glider mechanics to the ten storage sites. Then, it was not uncommon, during unloading of the crates at Glasgow, for the five crates of a glider to be dispatched to different bases, and so you might have the front airframe of a glider at Warton and the fuselage at Aldermaston.

For this reason, to accelerate correct assembly of the Wacos, all the crates spread over the ten assembly sites were brought to a single location, at Crookham Common. Some of the other bases were already being used by fighter-bombers or other aircraft types, and there was not really enough space to work alongside each other in comfort. Crookham Common was the biggest of the bases, and so it was set aside exclusively for glider assembly. It took weeks to receive the hundreds of incoming crates and store them in an orderly way, by type, manufacturer and serial number, so as to be able to locate the five crates of any one machine.

In the months that followed, 26th MR&R improved their organization. In November 1943, they assembled 60 Wacos. In April 1944, orders were issued to assemble 600 gliders. Never had so many machines been requested. Working all out from 6 a.m. to 10 p.m., the glider mechanics did better than forecast, assembling 961 gliders, a total of 4,805 crates to locate, move and assemble. In May 1944, a further order came for 593 Wacos, and all were ready bang on time. In addition, the first "Griswold nose" systems to strengthen the front end of the glider had just arrived and had to be fitted onto the gliders, and 288 were so fitted by the beginning of June.

The status of members of 26th MR&R Squadron within the Army Air Forces was rather precarious as, not being glider pilots, they were not flight officers but merely enlisted men, ranking no higher than private first class. This newly created unit was short of everything. Being stationed 12 miles away from their base, the men had no workplace infrastructure and had to salvage empty glider crates to turn them into a PX (Post exchange), barber's, rest room, and admin. office.

Le Waco était assez large pour recevoir un mini bulldozer. (Coll. de l'auteur.)
The Waco was broad enough to take a mini-bulldozer.

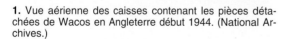

1. Vue aérienne des caisses contenant les pièces détachées de Wacos en Angleterre début 1944. (National Archives.)

2. Caisses contenant les Wacos. (Silent Wings Museum.)

3. La cellule d'un Waco est extraite d'une caisse grâce à un tracteur chenillé. (Silent Wings Museum.)

4. Fuselages démontés de Wacos. (Silent Wings Museum.)

1. Aerial view of crates containing Waco parts to England early in 1944.

2. Crates containing the Wacos.

3. A Waco airframe is removed from a crate with a tracked vehicle.

4. Dismantled Waco fuselages.

At the end of April 1944, only 910 Wacos had been assembled and distributed among the different training bases. That same month, one glider was dispatched that was a whole symbol for the U.S. Army. It had been built in the small town of Greenville (Michigan) by the Gibson Refrigerator Company, a small corporation with no experience of manufacturing gliders. In 1943, Greenville high school students decided to purchase a glider from Gibson's and make a gift of it to the U.S. Army Air Forces as a token of their patriotism. To do so, they needed to raise $17,000. So the high school and college students of Greenville had vouchers printed and did the rounds of friends, relatives and local residents. In the end, they raised the sum of $72,000, enabling them to buy four gliders. On May 19, 1943, the mayor, Oscar Rasmussen, held a big fete around the gliders at the municipal sports ground, the Black Athletic Field. Schools and stores all closed, and a parade marched through the streets of the town. The procession was led by the eight students who had sold over $1,000 worth of vouchers.

The parade ended at the stadium, where one of the gliders was on display, and it was named the «Fighting Falcon» by Sally Church, one of the eight students. Two weeks later, the gliders were sent over to England. When Brigadier-General Paul L. Williams, commander of 9th Troop Carrier Command, heard the story, he decided that the "Fighting Falcon" should be the first glider to land in Normandy.

Around this time, elements of 50th and 53rd TCW were moved to southern England to bring them closer to their D-Day objectives.

The glider pilots' everyday fare involved day and night flying practice in formation, simulated assaults on precise zones, and further practice flying the Horsa glider, for although some of them had flown the Horsa at Laurinburg Maxton, they still needed to improve their performance. So from March 1944 until D-Day, British instructors were put in charge of teaching the US pilots to handle this glider that was heavier and apparently less steerable than the Waco (nicknamed «Hadrian I» by the British). Also the glider pilots being expected to fight once they had landed, they had to learn how to handle the guns and mortars they were to carry. A tragic shadow was often cast over glider pilot training with numerous flying accidents both in England and earlier in America. This sometimes earned the gliders the nickname "flying coffins". Training was stepped up over the months and hand-to-hand fighting courses and firing practice were added to the long list of exercises carried out. Worn out by all this activity, the TCG troops nevertheless found the energy to enjoy their time off duty to visit the nearby towns when their program allowed. Most made a rush for the restaurants to get a better meal than the one served at the base canteen and ended the evening at a pub or dance-hall. When on leave, the C-47 and glider pilots suffered from people confusing the ATC (Air Transport Command) with the TCS. The difference lay in the fact that the TCSs were involved in troop and fighting equipment transport missions, whereas the ATC transported goods between different theaters of operations or air bases.

As time went by, the presence of GIs in their hundreds of thousands all over England sometimes created tension among the population and among British troops stationed nearby. This was because the Americans were better paid (U.S. officer : $217, British officer : $101 ; U.S. corporal : $77, British corporal : $20) and also enjoyed a good deal of success with the British representatives of the fair sex who were impressed by these rich and elegant men from across the Ocean. So the Americans came in for plenty of banter from the British soldier, like the Tommy Trinder one-liner, "The trouble with you Yanks is that you are overfed, overpaid, oversexed and… over here !"

Sometimes the morning after the night before was a hard time for the U.S. troops, but they had to return to training in order to be ready to carry out their future assignment which was becoming clearer all the time. There were some giveaway signs, like the issuing of civilian clothing in which the men were photographed for purposes of forging identity papers should they come in contact with the Resistance; each man was issued a survival kit comprising a small compass, a few biscuits, some chocolate, anti-sleep tablets, tablets to decontaminate water, and a plastic bag in which to collect it. Each man was also issued with a U.S. flag to sew onto his right sleeve so as to be recognizable to the liberated population.

Three days before the invasion, all the bases were cut off from the outside world: no more leave, no mail, no phone calls. The units called upon to do battle were isolated from the other personnel and gathered together in barracks behind a barbed-wire fence with a 24-hour guard placed on them. The troops were accompanied by sentries wherever they went to prevent any contact with non-combat units. Such was the price of secrecy.

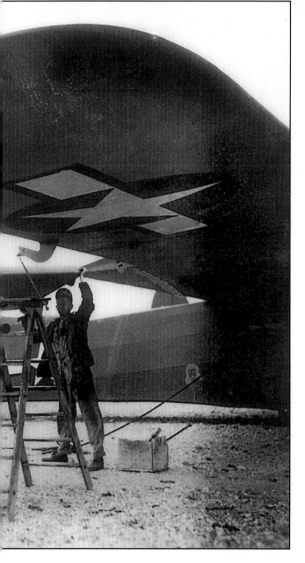

Ces mécaniciens des planeurs appartiennent au *26th MR & R (Mobile Reclamation and Repair) squadron*. Ils travaillèrent d'arrache-pied pour assembler en temps et en heure tous les Wacos destinés à être utilisés pour l'opération « Neptune ». (Silent Wings Museum.)

These glider mechanics belong to 26th MR & R (Mobile Reclamation and Repair) Squadron. They worked all out to assemble all the Wacos on time ready for service during Operation Neptune.

L'assaut

En 1944, depuis plus d'un an, les forces de l'Axe connaissaient défaite sur défaite. L'Afrique était libérée, les Alliés progressaient lentement en Italie, l'armée russe repoussait inexorablement la *Wehrmacht* vers les frontières du Reich depuis la défaite de Stalingrad. Cependant, Staline réclamait l'ouverture d'un second front à l'Ouest afin de vaincre plus rapidement l'armée allemande.

En décembre 1943, le général Dwight D. Eisenhower fut promu commandant suprême des forces alliées après avoir prouvé ses qualités de stratège en Afrique et en Sicile. Pendant des mois, un état-major avait déjà au préalable réfléchi à l'endroit le plus approprié pour réaliser cette opération. Il fallait que le site choisi ne soit pas trop loin des ports et des aérodromes de départ pour éviter les repérages des convois et pour assurer une bonne couverture aérienne. Pour ces raisons, les côtes de la Scandinavie et de l'Atlantique furent écartées.

L'endroit réunissant le plus d'atouts était le Pas-de-Calais. En effet, seule une trentaine de kilomètres séparait Douvres de la côte française, ce qui permettait de concentrer une attaque massive et rapide dont la couverture aérienne était garantie. De son côté, l'Etat-Major allemand et Hitler lui-même, conscients de cette proximité, avaient amassé des forces considérables et y avaient renforcé les défenses côtières. Le COSSAC allait par conséquent organiser la plus grande opération d'intoxication de la guerre en faisant croire aux Allemands que le Pas-de-Calais serait l'objectif.

En fait, la zone d'assaut retenue, la Normandie, présentait des avantages indéniables. Les plages y étaient larges et nombreuses, permettant ainsi aux blindés de manœuvrer facilement, le port de Cherbourg était à proximité, elle était assez proche de l'Angleterre mais assez éloignée du Pas-de-Calais d'où des renforts ennemis pouvaient accourir.

Les Alliés décidèrent donc de débarquer entre Caen et la péninsule du Cotentin. Ils ne pouvaient attaquer frontalement un port car tous étaient solidement gardés (1). Le sort en était jeté : la Normandie serait le théâtre de la plus importante opération de débarquement de tous les temps .

En face, les Allemands s'affairaient eux aussi. Depuis janvier 1944, le prestigieux maréchal Rommel avait reçu le commandement du Groupe d'Armées B stationné en France.

En tacticien éprouvé et plein de ressources, il avait demandé la multiplication des ouvrages de défense sur les côtes afin de clouer sur place les éventuelles troupes assaillantes : blockhaus, obstacles antichars, tétraèdres métalliques et mines furent installés sur les plages. Rommel avait fait planter des pieux dans les champs susceptibles de servir de terrain d'atterrissage aux planeurs. Surnommés « asperges » de Rommel, ils rendaient un champ inaccessible, ou alors au prix de la destruction du planeur. Pour le 15 juin 1944, l'installation de ces pieux devait être terminée.

Rommel affirmait que les vingt-quatre premières heures seraient primordiales. En cela, il était en désaccord avec son supérieur direct, le maréchal von Runstedt qui pensait qu'il fallait mieux laisser pénétrer les forces ennemies en profondeur afin de les anéantir par de vastes opérations d'encerclement en utilisant la masse de manœuvre. Aussi pensait-il, contrairement à Rommel, qu'il fallait mieux ne pas positionner les troupes trop près des plages mais les laisser en retrait afin qu'elles puissent plus facilement se transporter d'un endroit à un autre.

Dans la presqu'île du Cotentin, trois divisions allemandes étaient stationnées. Dépendant du *LXXXIV. Armeekorps* (84e Corps d'Armée) commandé par le Général Marcks, les 109e, 91e et 243e divisions d'infanterie étaient épaulées par une unité d'élite, le *6. Fallschirm-Jäger-Regiment* commandé par le *Major* Friedrich von der Heydte.

La 243e division, commandée par le *Generalleutnant* Hellmich, était disséminée sur toute la côte ouest de la presqu'île. La 91e, forte de 10 555 hommes, était commandée par le *Generalleutnant* Wilhelm Falley. Placée au centre du Cotentin, elle

(1) Les Alliés décidèrent, par conséquent, d'en amener un avec eux : c'est ainsi que d'énormes cubes de béton furent emmenés et immergés au large d'Arromanches permettant de disposer d'un port artificiel en attendant la prise de Cherbourg.

Asperges de Rommel dans un champ du Cotentin. (ECPArmées..)

Rommel's asparagus in a field in the Cotentin peninsula.

Soldats allemands installant une « asperge de Rommel » début 1944 dans le Cotentin. (ECPArmées.)

German soldiers setting up « Rommel's asparagus « in the Cotentin peninsula early in 1944.

The assault

In 1944, for over a year, the Axis forces had met with defeat after defeat. Africa had been liberated, the Allies were slowly advancing up Italy, the Russian army was inexorably pushing back the *Wehrmacht* towards the borders of the Reich in the wake of its defeat at Stalingrad. Nonetheless Stalin was calling for a second front to be opened in the west in order to overcome the German army more quickly.

In December 1943, General Dwight D. Eisenhower was promoted Supreme Commander of the Allied Forces after demonstrating his generalship in Africa and in Sicily. For months already, a general staff had been doing some preliminary thinking into where best to carry out this operation. The chosen site needed to be not too far from the departure ports and airfields to avoid detection of the convoys and to ensure adequate cover from the air. This ruled out the coasts of Scandinavia and the Atlantic coast.

The place with the most advantages was the Pas-de-Calais, across the Straits of Dover, where the French coast was only 22 miles away, and where a massive attack could quickly be concentrated, with guaranteed air cover. Likewise, the German High Command, and Hitler himself, were aware how close Dover was, and had built up considerable forces and strengthened the coastal defenses. COSSAC was thus able to set up the war's biggest brainwashing operation by making the Germans believe that the Pas-de-Calais was the target.

The chosen assault zone in actual fact was Normandy, which unquestionably had potential. It had plenty of extensive beaches, making it easy for tanks to move around, the port of Cherbourg was not far off, and it was both close enough to England and far enough away from the Pas-de-Calais to prevent enemy reinforcements being brought in.

So the Allies decided to land between Caen and the Cotentin peninsula. They could not attack a port head-on, as they were all stoutly defended (1). The die was cast and Normandy was to be the theater of the biggest landing operation of all time.

Meanwhile, the Germans opposite were not idle either. Since January 1944, the famous Field-Marshal Rommel had been in command of Army Group B, stationed in France.

(1) The Allies therefore decided to bring one with them, and so huge cubes of concrete were brought over and sunk off Arromanches, providing an artificial harbor awaiting the capture of Cherbourg.

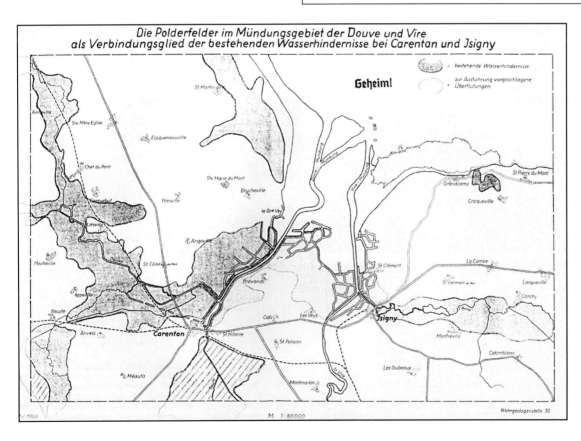

Carte allemande montrant les zones inondées dans la région Carentan-Isigny.

German map showing inundated areas in the Carentan-Isigny sector.

était composée de l'*Inf.Rgt. 1057* et de l'*Inf.Rgt. 1058*, de l'*Art.Regt 621* ainsi que de deux groupes d'artillerie motorisée, l'*Art.Abt. 456* et l'*Art.Abt. 457*. Au sud était stationné un groupe équipé de vieux chars français récupérés, la *Panzer-Abteilung 100*.

La dernière division cantonnée dans le Cotentin était la *709. Infanterie-Division* forte de 10 536 soldats. Commandée par le *Generalleutnant* Karl von Schlieben dont le poste de commandement se situait à Négreville, elle défendait la côte est avec trois régiments d'infanterie (l'*Inf.Rgt. 729*, l'*Inf.Rgt 739* et l'*Inf.Rgt 919*), un régiment d'artillerie, l'*Art.Rgt. 1709*, le premier groupe du 101ᵉ régiment de lance-roquettes ainsi que deux bataillons d'*Osttruppen* formés à partir de volontaires slaves, l'*Ost.Btl. 649* et le *Georg.Btl. 795*. Deux groupes d'artillerie de la *Kriegsmarine* et de l'armée de terre, les MAA 260 et HKAA 261, étaient en outre déployés sur la côte.

Pour préparer l'assaut, Eisenhower s'entoura de généraux de renom : le Maréchal Montgomery, vainqueur de Rommel en Afrique, prit le commandement des forces terrestres, épaulé par le général Omar Bradley à la tête du secteur US et du *Lieutenant-General* Dempsey qui chapeauta le secteur anglais et canadien.

L'assaut devait être donné dans la nuit 4 au 5 juin mais le mauvais temps obligea un report d'une journée pour profiter d'une légère accalmie. Le secteur d'attaque était séparé en deux : le secteur américain à l'ouest ayant pour objectif deux plages aux noms de codes *Utah* et *Omaha*, et le secteur anglo-canadien avec les plages *Gold*, *Juno* et *Sword*.

Trois divisions aéroportées devaient prendre part à l'opération « Neptune », phase d'assaut d'« Overlord ». La *6th Airborne Division*, commandée par le *Major-General* Gale devait couvrir l'extrémité est du débarquement en neutralisant la batterie de Merville et en prenant les ponts de l'Orne et du canal de Caen à la mer (baptisé après la guerre *Pegasus Bridge* en mémoire du pégase se trouvant sur l'insigne de manche de cette unité).

La *101st Airborne* devait sécuriser la zone située derrière la plage codée *Utah* où la 4ᵉ division devait débarquer à la base de la presqu'île du Cotentin. La *82nd Airborne* devait sauter au milieu de celle-ci, près de Saint-Sauveur-le-Vicomte, à l'endroit même où stationnait la 91ᵉ Division allemande qui venait d'être déplacée. Aussi, le commandement avait revu ses plans en choisissant de nouvelles *Drop Zones* plus proches de la *101st*, à l'ouest de Sainte-Mère-Eglise. Les pertes prévisionnelles étaient estimées entre 50 % et 80 %. C'était le prix à payer pour que le débarquement se déroule dans de bonnes conditions.

Le plan final pour le secteur US était le suivant : la *101st Airborne Division* commandée par le Général Maxwell D. Taylor devait conquérir les *Drop Zones* A, C et D (mission « Albany ») et la *Landing Zone* E. Le *502nd PIR* du Général Moseley épaulé par le *377th Parachute Field Artillery Bn.* (DZ A) avait pour mission de détruire la batterie de Saint Martin de Varreville et de sécuriser les routes d'accès 3 et 4 à partir d'*Utah Beach*.

Le *506th PIR* du Colonel Sink (DZ C) et des soldats de la compagnie C du *326th Engineer Bn.* devaient tenir les voies d'accès 1 et 2 de cette même plage et faire mouvement vers le sud du Cotentin afin de rallier la plage d'*Omaha* et prendre les ponts de la Douve au nord de Carentan.

Le Colonel Howard Johnson et son *501st PIR* devaient sauter sur la DZ D, la plus au sud. Sa mission était de tenir l'écluse de la Barquette et d'évi-ter une inondation volontaire des Allemands dans cette zone. De plus, il devait établir une ligne de défense sur la Douve et démolir cinq ponts.

Deux missions de planeurs devaient épauler cette attaque : la première, nom de code « Chicago », devait atterrir sur la LZE et délivrer des éléments du *327th GIR* ; cette opération devait se dérouler à 4 heures du matin, trois heures après les parachutages. Le *Brigadier-General* Donald F. Pratt, commandant adjoint de la *101st Airborne*, prendrait place dans le premier planeur de cette opération. La deuxième mission prit le nom de « Keokuk », du nom d'une ville de l'Iowa (tirant elle-même son nom d'un chef indien du 19ᵉ siècle). Les planeurs devaient se poser le Jour J à 21 h 00, la tombée du jour permettant d'éviter les défenses antiaériennes.

La *82nd Airborne*, sous le commandement du Général Ridgway, devait tenir les zones de parachutage N, O et T (mission au nom de code : « Boston ») ainsi que les zones d'atterrissage O et W. Les *Drop Zones* T et N se situaient le plus à l'ouest du dispositif. La DZ devait être tenue par le *508th PIR* du Colonel Lindquist avec pour objectif d'organiser une ligne de défense à l'ouest du Merderet.

Le *507th PIR* du Colonel Millett devait quant à lui s'emparer des ponts sur le Merderet. La DZ O était réservée au Colonel Ekman et à son *505th PIR*. Sa mission était de prendre Sainte-Mère-Eglise ainsi que les ponts de la Fière et de Chef-du-Pont.

Quatre missions de planeurs devaient renforcer l'assaut de la *82nd Airborne* :

La première, nom de code « Detroit », devait se poser en LZ O à 4 h 00 du matin, le Jour J, afin d'épauler le *505th PIR* pour la prise de Sainte-Mère-Eglise.

La seconde, nom de code « Elmira » (du nom de la ville se trouvant dans l'Etat de New York), était divisée en deux séries ayant pour objectif la LZ W sur Sébeville et sur le carrefour des Forges. La première série devait se poser à 21 h 00 et la seconde à 23 h 00.

Devant : Winston Churchill et le général Taylor, suivis du général Eisenhower, le général Pratt et d'un officier anglais. (National Archives/Heimdal.)

In front : Winston Churchill and General Taylor, followed by General Eisenhower, General Pratt and a British officer.

Le lendemain, deux autres missions étaient planifiées. La première, nom de code « Galveston » (du nom d'une ville du Texas), était elle aussi divisée en deux séries. La première comprenait 82 Wacos et 18 Horsas et devait se poser avant le lever du jour et acheminer 717 hommes du *325th GIR*, ainsi qu'une compagnie de *Glider Engineers*, des Jeeps et des pièces d'artillerie légère. La deuxième série était constituée de 50 Wacos chargés de 251 soldats du *325th GIR*, du peloton de reconnaissance de la *82nd Airborne* ainsi que d'artilleurs avec leurs canons.

La seconde mission du 7 juin, nom de code « Hackensack » (du nom d'une ville du New Jersey), était constituée de 70 Wacos et 30 Horsas et devait se poser en LZ W. Ce sont 1 345 soldats du *401st GIR* et du *325th GIR* ainsi que des mortiers de 81 mm, de Jeeps et plusieurs tonnes de munitions qui devaient venir épauler les troupes qui combattaient depuis la veille.

Par manque de pilotes de planeurs, quelques centaines d'hommes du *327th Glider Infantry Regiment* de la *101st* devaient arriver par bateaux l'après-midi du Jour J avec pour mission de rejoindre leur unité.

A l'origine, le débarquement aurait dû se dérouler le 5 juin, mais les météorologues prédirent à Eisenhower des vents forts et une mer agitée. Profitant d'une accalmie, il décida que le 6 juin serait le Jour J. Les services de renseignements connaissaient l'emplacement des stations radars ainsi que des positions fortifiées sur la côte grâce aux plans fournis par la Résistance.

Les généraux du *9th Troop Carrier Command*, dont dépendaient les unités qui allaient prendre part à l'opération aéroportée, n'oublièrent pas la leçon tirée de l'expérience de l'opération de Sicile. Etant donnée l'importance stratégique de l'opération aéroportée, point de départ du débarquement, ils imaginèrent un corridor aérien de 16 kilomètres de large dans lequel les avions et planeurs devaient passer à heure précise sous peine d'être abattus par les bateaux formant le convoi naval. Ce corridor survolait Portland, checkpoint « Flatbush » indiqué par une balise radio Eureka et continuait plein sud passant au-dessus d'un navire de la *Royal Navy* marquant le checkpoint « Gallup » puis continuait jusqu'à un signal lumineux donné par un sous-marin britannique, checkpoint « Hoboken », signalant un virage à 90° entre les îles anglo-normandes d'Aurigny et de Jersey.

De 500 pieds, les avions grimpaient à 1 500 pieds afin d'éviter la *Flak* présente sur la côte ouest du Cotentin, puis redescendaient à 500 pieds à l'approche des DZ et LZ. Après avoir largué les parachutistes ou détaché les planeurs, les C-47 devaient rester dans ce corridor tout au long du chemin retour qui remontait par la côte est du Cotentin.

De plus, ils décidèrent de faire apposer des signes distinctifs sur les appareils prenant part à l'opération « Overlord ». Ainsi des bandes noires et blanches furent peintes sur et sous les ailes ainsi que sur le fuselage. Pour des raisons de sécurité, l'ordre de peindre les appareils n'arriva que le 4 juin. Ce travail colossal de peinture allait nécessiter des centaines de mécaniciens et de pilotes. Tout avion n'ayant pas ces peintures devait être abattu sans sommation (2).

(2) Pour l'opération « Market-Garden » en Hollande, l'Etat-Major eut peur que les Allemands ne fassent de même et introduisent leurs avions peints de la même manière dans les convois aériens alliés. Ainsi les bandes blanches et noires furent effacées sur la partie supérieure des ailes et du fuselage. Tout avion n'ayant pas ce nouveau système de reconnaissance devait être abattu.

As an experienced and resourceful tactician, he had requested a large increase in defensive obstacles along the coast to pin down any assault troops; the beaches therefore were covered with pillboxes, antitank obstacles, metal tetrahedra and mines. Meanwhile, Rommel had stakes placed in fields that were likely landing grounds for gliders. This «Rommel's asparagus», as it was called, either made a field inaccessible or ripped any gliders to pieces. These stake defenses were due for completion by June 15, 1944.

Rommel asserted that the first twenty-four hours would be crucial. This view was not shared by his immediate superior, Field-Marshal von Runstedt, who thought it preferable to allow the enemy forces to penetrate more deeply in order to destroy them in vast encircling movements, using their main striking force. So, unlike Rommel, he felt that the troops should not be stationed too close to the beaches, but further back so as to be easier to move from one place to another.

Three German divisions of General Marck's LXXXIV Corps were stationed in the Cotentin peninsula. These were the 109th, 91st and 243rd Infantry Divisions, with support from *6. Fallschirm-Jäger-Regiment* under Major Friedrich von der Heydte.

243rd Division, commanded by *Generalleutnant* Hellmich, was scattered right along the west coast of the peninsula. The 10,555-strong 91st Division was commanded by *Generalleutnant* Wilhelm Falley. Placed in the center of the Cotentin, it was made up of *Inf.Rgt. 1057* and *Inf.Rgt. 1058*, *Art.Reg. 621* and two motorized artillery battalions, *Art.Abt. 456* and *Art.Abt. 457*. In the south was a group equipped with old salvaged French tanks: *Panzer-Abteilung 100*.

The last division stationed in the Cotentin was the 10,536-strong 709th Infantry led by *Generalleutnant* Karl von Schlieben, whose command post was at Négreville; it defended the east coast with three infantry regiments – *Inf.Rgt. 729*, *Inf.Rgt. 739* and *Inf.Rgt. 919* – an artillery regiment, *Art.Reg. 1709*, the first battalion of 101st Rocket-launching Regiment, and two battalions of *Osttruppen* trained from Slav volunteers, *Ost.Btl. 649* and *Georg.Btl. 795*. Two artillery battalions of the *Kriegsmarine* and the land army, MAA 260 and HKAA 261, were also deployed in support.

To prepare for the assault Eisenhower enlisted the help of some famous generals : Field-Marshal Montgomery, Rommel's victor in Africa, took over command of the land forces, seconded by General Omar Bradley as commander of the U.S. sector, and Lt.-General Dempsey overseeing the British and Canadian sector.

The assault was to be launched during the night of June 4 to 5, but owing to bad weather was postponed for twenty-four hours when a slight break in the weather was expected. The assault sector was split in two: the American sector in the west with as its objectives two beaches codenamed Utah and Omaha, and the Anglo-Canadian sector with Gold, Juno and Sword Beaches.

Three airborne divisions were to take part in Operation Neptune, the assault phase of Operation Overlord. The 6th Airborne Division, led by Major-General Gale, was to cover the eastern flank of the landings, by neutralizing the Merville battery and capturing the bridges over the Orne River and the canal from Caen to the sea (renamed Pegasus Bridge after the war in memory of the emblem on the unit's shoulder flash).

101st Airborne was to secure the area behind Utah Beach at the base of the Cotentin peninsula, where the 4th Division was due to come ashore. 82nd Airborne was to drop in the center of the peninsula, near Saint-Sauveur-le-Vicomte, right where the German 91st Division had just been moved. This led to the command reviewing its plan and choosing new drop zones closer to 101st Division, west of Sainte-Mère-Eglise. Casualties were estimated at somewhere between 50 % and 80 %. This was the price that had to be paid to ensure secure conditions for the landings.

The final plan for the US sector was as follows: 101st Airborne, led by General Maxwell D. Taylor, was to capture Drop Zones A, C and D (Mission Albany), and Landing Zone E. 502nd PIR under General Moseley, with support from 377th Parachute Field Artillery Battalion (DZ A) was detailed to destroy the battery at St Martin de Varreville and secure beach exits 3 and 4 at Utah.

Colonel Sink's 506th PIR (DZ C) and the men of 326th Engineer Bn. C Company were to hold beach exits 1 and 2, also at Utah, and move towards the south of the Cotentin to link up with Omaha Beach and capture the bridges over the Douve River north of Carentan.

Colonel Howard Johnson's 501st PIR were to land further south, on DZ D. It was assigned to holding the La Barquette lock and prevent the Ger-

L'opération « Neptune », nom de code de la phase d'assaut de l'opération « Overlord », devait se dérouler de la manière suivante. Des parachutistes éclaireurs appelés *Pathfinders* devaient sauter quelques heures plus tôt afin de marquer les zones de parachutage et les zones d'atterrissage des planeurs. Le marquage se faisait de deux manières. Ils utilisaient des balises émettrices AN/ PPN-1A (connue sous le nom de *Beacon* ou *Eureka*) qui envoyaient un signal continu destiné à être capté par un récepteur surnommé *Rebecca* installé dans l'avion leader de chaque vague. Cette balise était équipée d'un détonateur permettant son auto-destruction afin d'éviter une utilisation éventuelle par l'ennemi. Pour les opérations de nuit, on couplait à ce système un marquage lumineux. Les *Pathfinders* sautaient avec des lampes halifanes (aussi appelées *Aldis*) qui étaient placées au sol afin de former un T. Il fallait 7 lampes pour effectuer cette opération. Le corps du T montrait la direction et la barre perpendiculaire indiquait le point d'arrivée. La lampe de base était codée afin d'identifier la Drop Zone. Afin d'éviter toute confusion, la lampe destinée à la DZ A clignotait en « - », c'est-à-dire le code morse pour la lettre A. De plus leur couleur était différente en fonction des DZ. Elles étaient disposées sur un trépied télescopique de manière à être facilement visibles d'avion mais invisibles du sol. Elles étaient allumées lorsque l'on entendait le grondement des premiers avions en approche.

A priori, pour les LZ, plusieurs positionnements de lampes halifanes furent retenus. Certains les disposèrent de la même manière que pour les DZ. D'autres équipes les installèrent différemment : sept lampes étaient placées en ligne. La première était rouge, les cinq suivantes étaient ambrées et la dernière de couleur verte signalait l'arrivée sur la zone.

Histoire peu connue, certains *Pathfinders* bénéficièrent eux aussi du balisage de leur propre zone de largage. En effet, l'O.S.S. *(Office of Strategic Services)* mit sur pied un commando chargé de sauter en Normandie quelques jours avant le Jour J afin de baliser les zones de saut des éclaireurs, eux-mêmes ayant comme objectif de baliser celles destinées au reste des parachutistes.

Parmi les membres de ce commando très secret, le 2nd Lt Ray Welty dont l'histoire est on ne peut plus singulière. Fasciné depuis son enfance par l'aviation, il commença à l'âge de 10 ans à fabriquer des engins, volants en théorie, mais dont l'envol à partir du toit de sa grange fut un échec. Tout ce qui ressemblait au vol de l'oiseau le passionnait. Il travailla quelques années plus tard à l'aéroport de Roswell (Nouveau Mexique) où il rencontra en 1936 un personnage mythique pour les garçons de sa génération : Charles Lindbergh. Pour le remercier d'avoir nettoyer entièrement son avion, Lindbergh emmena Ray Welty effectuer son baptême de l'air. Quelques temps plus tard, le jour de la fête nationale américaine le 4 juillet, il réalisa trois sauts en parachute pour le prix d'un dollar chaque. En

mans from deliberately flooding the area. It also had to establish a line of defense along the Douve and demolish five bridges.

Two glider missions were to support this attack: one, codenamed "Chicago", was to land at LZ E and deliver elements of 327th GIR ; this operation was to take place at 0400 hours, three hours after the parachute drops. Brigadier-General Donald F. Pratt, deputy commander of 101st Airborne, was to fly in the leading glider on this operation. The second mission was codenamed "Keokuk", for a town in Iowa itself named for a 19th century Indian chief. The gliders were to land at 2100 hours on D-Day, at sundown to avoid the German anti-aircraft defenses.

82nd Airborne, with General Ridgway in command, was to hold parachute Drop Zones N, O and T (mission codenamed "Boston"), and Landing Zones O and W. Drop Zones T and N were on the far west flank of the arrangement. The DZ was to be held by 508th PIR under Colonel Lindquist with the objective of organizing a defensive line west of the Merderet River.

Meanwhile, Colonel Millett's 507th PIR had to capture the bridges over the Merderet. DZ O was reserved for Colonel Ekman and his 505th PIR, whose assignment involved taking Sainte-Mère-Eglise and the La Fière and Chef-de-Pont bridges.

Four glider missions were to reinforce the assault by 82nd Airborne:

The first, codenamed "Detroit", was to land at LZ O at 0400 hours on D-Day, to lend support to 505th PIR in capturing Sainte-Mère-Eglise.

The second, codenamed "Elmira" (named for the town in New York State), was in two parts, directed at LZ W at Sébeville, and the Forges crossroads. The first group was to land at 2100 hours, and the second at 2300 hours. These were the last two missions on D-Day. Two further missions were planned for the following day. The first, codenamed "Galveston" (the name of a town in Texas), was also in two parts ; the first involved 82 Wacos and 18 Horsas, and was to land before daybreak, transporting 717 troops of 325th GIR and a glider engineers company, jeeps and light artillery guns. The second group comprised 50 Wacos carrying 251 troops of 325th GIR, 82nd Airborne's reconnaissance platoon and artillerymen together with their guns.

The second mission of June 7, codenamed "Hackensack" (after a town in New Jersey), comprised 70 Wacos and 30 Horsas, and was to land on LZ W along with 1,345 men of 401st GIR and 325th GIR, and also 81 mm mortars, jeeps and several tons of ammunitions, to lend support to the troops fighting since the previous day.

Owing to a glider pilot shortage, a few hundred men of 101st Airborne's 327th Glider Infantry Regiment were to arrive by sea during the afternoon of D-Day and join their unit.

The landing was originally planned to take place on June 5, until weather forecasters warned Eisenhower of gales and heavy seas. So he set D-Day for June 6, to take advantage of a lull in the storm. The intelligence services knew where the radar stations and strongholds were sited along the coast from plans supplied to them by the Resistance.

The generals of 9th Troop Carrier Command on whom the units taking part in the airborne operation depended, had learned their lesson from the experience of the Sicily operation. Given the strategic importance of the airborne operation as the starting point of the D-Day landings, they imagined a ten-mile wide air corridor in which aircraft and gliders had to pass at a precise time or face being shot down by ships in the naval convoy. This corridor passed over Portland, Checkpoint "Flatbush" indicated by a Eureka radio beacon, and carried on due south, passing over a Royal Navy vessel marking Checkpoint "Gallup", then continued as far as a light signal given by a British submarine, Checkpoint "Hoboken", signalping a right-angle bend between the Channel Islands of Alderney and Jersey.

From 500 feet, the planes climbed to 1500 feet to avoid the flak guns on the west coast of the Cotentin, then dropped back down to 500 feet as they approached their DZs and LZs. After dropping the paratroops or releasing the gliders, the C-47s had to stay in the corridor all the way back home via the east coast of the Cotentin.

It was also decided to have distinctive marks put on the planes taking part in Operation Overlord, and black and white stripes were painted on and under the wings and on the fuselage. For security reasons, orders to do this painting did not arrive until June 4. It was a huge job that occupied hundreds of mechanics and pilots. Any aircraft not carrying these marks was to be shot down without warning (2).

Le *2nd Lieutnant* Ray Welty. (Coll. R. Welty.)

2nd Lieutenant Ray Welty.

1938, il s'enrôla dans la *National Guard* où il fut affecté dans l'artillerie. En janvier 1941, la *National Guard* de tous les Etats du pays fut mobilisée. Il fut ensuite transféré dans une unité d'infanterie antichar à Fort Sam, à Houston, au Texas. Là-bas, il devint responsable du service des transmissions car il avait obtenu, dès la fin des années 30, une formation d'opérateur radio.

C'est à ce moment là qu'il apprit à utiliser un *Beacon*. Mais c'est le combat qui intéressait Ray et il devint le meilleur du régiment dans l'utilisation du pistolet, du FM BAR, du fusil Garand et au lancer de grenades. Tenace et rigoureux, il fut remarqué par le Général Kruger qui le recommanda à l'Etat-Major pour d'éventuelles missions commandos.

Pressé de pouvoir devenir pilote, il rejoint dès 1942 le programme de formation de pilote de planeur à Randolph Field. Il effectua son *Deadstick training* à Spencer dans l'Iowa, son *Basic training* à Twenty-Nine Palms en Californie et reçut ses «G wings» à la South Plains Army Air Field de Lubbock au Texas, le 14 février 1944.

Un soir de mai 1944, il fut appelé dans le bureau du commandant où des généraux l'attendaient. Après avoir été questionné sur sa formation, on lui demanda de démontrer son agilité au lancer de couteau. C'était un domaine dans lequel il excellait car son grand-père l'avait entraîné dès son plus jeune âge.

Il dut atteindre deux petites cibles de bois de 8 centimètres sur 8 placées à une distance de 9 mètres. En moins de trois secondes, il mit dans le mille devant les généraux impressionnés. Convaincus, ils trouvèrent une excuse afin de justifier son absence auprès de ses camarades. Il arriva en Angleterre le 28 mai 1944 où il rencontra un autre soldat américain et trois commandos britanniques. Tous étaient experts en transmission et en combat corps à corps. Un briefing détailla leur mission sans rien dévoiler du reste de l'opération « Overlord » et sans même préciser le jour du débarquement. Ils devaient marquer la DZ O pour les *Pathfinders* qui

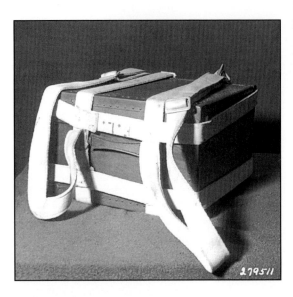

Malette B3 contenant deux lampes *Aldis* destinées aux *pathfinders*. (National Archives.)

B3 case containing two Aldis lamps for the pathfinders.

eux-mêmes devaient ensuite marquer d'autres zones pour le reste des parachutistes. Les trois commandos britanniques étaient là pour les protéger pendant l'installation des *Beacons*.

Le 3 juin 1944, vers 1 h 30 du matin, le commando décolle d'un aéroport situé à l'ouest de Londres. Après un vol sans problème, il saute au nord-ouest de Sainte-Mère-Eglise vers 3 heures. Il réussit à se regrouper très vite. A l'atterrissage, un *Beacon* est endommagé et rendu inutilisable. Une sentinelle allemande attirée par le bruit s'approche. Un des Britanniques la neutralise d'un lancer de couteau. A l'aube, ils rencontrent des résistants français qui les cachent.

Le 5 juin, une heure avant minuit, le bruit des moteurs des C-47 commence à déchirer la nuit anglaise. Six séries de trois avions chacune décollent vers la Normandie. Les avions sont chargés de paras éclaireurs dont la mission consiste à repérer et marquer les zones de largage et d'atterrissage avec des signaux radios et des marquages lumineux. Derrière les éclaireurs, à 00 h 21 le 6 juin, les premiers éléments paras s'envolent pour l'assaut.

Les avions emportant les paras éclaireurs survolent la côte ouest du Cotentin, protégés de la DCA par les nuages. Malheureusement ces mêmes nuages vont rendre les approches extrêmement difficiles. Peu avant minuit le 5 juin, Ray Welty et son commando ont reçu l'ordre de rejoindre la DZ O afin d'y installer les *Beacons*. Sur place, au moment de l'installation, l'un des deux tombe en panne. Repérés par des Allemands, les deux Américains et les trois commandos britanniques sont pris pour cible. Ces derniers sont tués et le deuxième Américain est blessé. Seul à ne pas avoir été atteint, Ray met en route son *Beacon* et, quelques minutes plus tard, des C-47 larguent des parachutistes, provoquant la retraite des soldats allemands. A sa grande surprise, Ray Welty se rend compte que ce ne sont pas les *Pathfinders* qui tombent du ciel, mais bien le gros des troupes de la 82e (3).

En effet, les *Pathfinders* de la *101st Airborne*, les premiers à survoler les défenses antiaériennes allemandes, ont profité de l'effet de surprise alors que ceux de la 82e ont essuyé un feu nourri qui obligea les pilotes des C-47 à les larguer à la hâte.

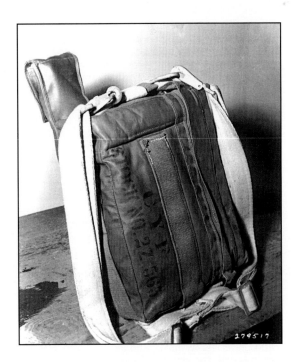

Housse contenant la balise émettrice *Beacon* PPN1. (National Archives.)

Cover containing a PPN1 beacon.

Les C-47 emmenant le reste des paras arrivent sur leur zone sans apercevoir de balisage précis. Les paras sautent sur des zones prises pour les objectifs mais, en réalité, la confusion qui règne provoque de nombreuses erreurs (4). Par conséquent, les paras mettent des heures à se regrouper afin de former des groupes prêts au combat. En effet, à la dispersion des unités dans la nuit s'ajoute la végétation hostile : le bocage, typique du Cotentin, avec ses haies délimitant des petits champs aux formes géométriques diverses, rend la progression et le regroupement des paras délicats. Le terrain est favorable à la défense plutôt qu'aux assaillants.

(3) Au point du jour, Ray Welty donna son *Beacon* aux paras afin qu'ils puissent l'utiliser pour baliser la LZ W, mais la résistance allemande les obligèrent à revenir et le *Beacon* fut utilisé pour la LZ O. De retour en Angleterre le 8 juin, il rentra ensuite aux Etats-Unis afin de suivre son *Tactical training* à Laurinburg Maxton où il ne put rien dévoiler de sa mission secrète. Il reviendra quelques mois plus tard en Angleterre avec le *316th TCG* pour préparer l'opération « Market Garden ». Il reverra la France en 1945 lorsqu'il sera affecté au *349th TCG*.

(4) Seuls les paras destinés à la DZ C arriveront sur leur zone avec précision.

Operation Neptune, the codename for the assault phase of Overlord, was to take place as follows. Pathfinder paratroops were to land a few hours in advance to mark out the parachute drop zones and glider landing zones. This was to be done in two ways. They used AN/PPN-1A "Eureka" beacons which transmitted a steady signal to be picked up over a receiver codenamed Rebecca carried by the leading aircraft of each wave. This beacon was fitted with a self-destruct detonator to prevent the enemy from using it. For the night-time operations, marking was also done with lights. The Pathfinders landed with Aldis lamps placed on the ground to form a T. This operation required seven lamps. The body of the T showed the direction and the crossbar indicated the arrival point. The base lamp was coded to identify the drop zone. So as to avoid any confusion, the lamp for DZ A flashed "-", which is A in Morse code. Also each DZ was color-coded. The lamps were placed on telescopic tripods so as to be visible from the air but invisible from the ground. They were lit on hearing the drone of the leading aircraft as they approached.

For the LZs, several Aldis lamp arrangements were adopted. Some had the same layout as the DZs. Other squads used a different method, with seven lamps placed in a line. The first one was red, the next five amber and the last one green, marking the arrival point.

What is little known is that certain pathfinders themselves had their dropping zone marked out. The O.S.S. (Office of Strategic Services) set up a commando to be dropped in Normandy a few days ahead of D-Day to mark out dropping zones for the pathfinders whose task would be to place beacons for the rest of the paratroops.

Among the members of this top secret commando, 2nd Lt. Ray Welty has a most unusual story. He had been fascinated by aviation since he was a child, and at the age of ten had begun to make what in theory were flying machines, but they failed to take off from his barn roof. He was mad keen on anything to do with bird flight. A few years later he worked at Roswell Airport in New Mexico, where in 1936 he met a man who was a legend in his own lifetime: Charles Lindbergh. To thank him for cleaning his plane from top to bottom, Lindbergh took Ray Welty up for his first flight. Some time later, on the American national holiday on July 4, he made three parachute jumps costing a dollar each. In 1938, he joined the National Guard, with the artillery. In January 1941, the National Guard of every state in the country was mobilized. He was then transferred to an antitank infantry unit at Fort Sam, Houston (Texas). There he was put in charge of signalling, having been trained as a radio operator in the late thirties.

It was at this time that he learned how to use a beacon. But Ray was most interested in combat, and became the regiment's top shot with a pistol, FM BAR, Garand rifle and at throwing grenades. His tenacity and meticulousness brought him to the attention of General Kruger, who recommended him to the chiefs of staff as possible commando material.

In a hurry to become a pilot, in 1942 he joined the glider pilot training program at Randolph Field. He did his deadstick training at Spencer in Iowa, his basic training at Twenty-Nine Palms in California, and received his G wings at South Plains Army Air Field at Lubbock (Texas) on February 14, 1944.

One evening in May 1944, he was called to the commander's office where some generals were waiting for him. After being questioned on his background, he was asked to demonstrate his skill at throwing a knife. This was an exercise at which he excelled, having been taught from the tenderest age by his grandfather.

He had to hit two small targets three inches square from a distance of thirty feet. In under three seconds, he scored a bull's eye before the impressed generals. They were convinced and found an excuse to explain his absence to his comrades. He arrived in England on May 28, 1944, where he met another US soldier and three British commandos. They were all experts in signalling and hand-to-hand combat. They were briefed with no reference to the rest of Operation Overlord, and were not even told exactly when D-Day would be. They were to mark out DZ O for the pathfinders, who were then themselves to set beacons for the rest of the paratroops. The three British commandos were there to cover them while they set up the beacons.

On June 3, 1944, at approximately 0130 hours, the commando took off from an airfield somewhere west of London. At the end of an uneventful flight, at roughly 0300 hours it made its parachute jump north-west of Sainte-Mère-Eglise and mustered in very quick time. One beacon had been damaged and rendered useless on landing. A German sentry, drawn by the noise, approached them and was neutralized with a knife throw by one of the Britons. At dawn, they joined up with members of the French resistance, who took them into hiding.

On June 5, an hour before midnight, the sound of C-47 engines began to fill the English night as six waves of three aircraft took off for Normandy. The planes were loaded with pathfinder paratroops who had been detailed to locate and mark out the dropping and landing zones with radio signals and beacons. In the pathfinders' wake, the leading parachute elements took off at 0021 hours on June 6.

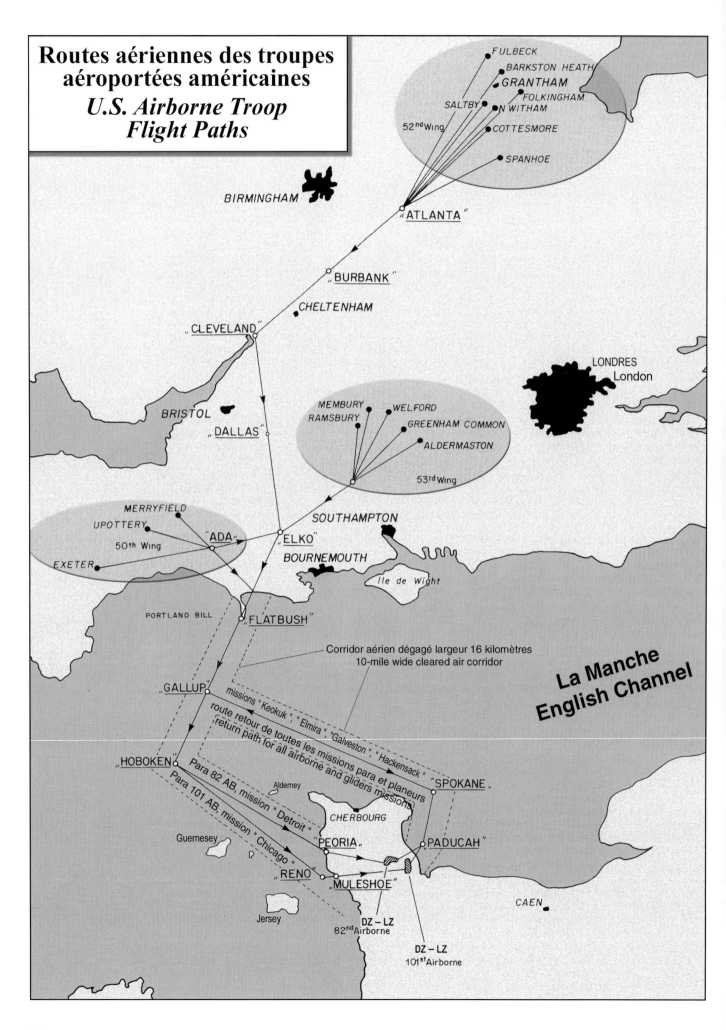

Routes aériennes des troupes aéroportées américaines
U.S. Airborne Troop Flight Paths

FULBECK
BARKSTON HEATH
GRANTHAM
FOLKINGHAM
SALTBY
N WITHAM
52nd Wing
COTTESMORE
SPANHOE

"ATLANTA"

BIRMINGHAM

"BURBANK"

CHELTENHAM

"CLEVELAND"

LONDRES
London

BRISTOL

MEMBURY
RAMSBURY
WELFORD
GREENHAM COMMON
ALDERMASTON

"DALLAS"

53rd Wing

MERRYFIELD
UPOTTERY
SOUTHAMPTON
50th Wing
"ADA"
"ELKO"
EXETER
BOURNEMOUTH

Ile de Wight

PORTLAND BILL
"FLATBUSH"

Corridor aérien dégagé largeur 16 kilomètres
10-mile wide cleared air corridor

La Manche
English Channel

"GALLUP"

missions "Keokuk", "Elmira", "Galveston", "Hackensack"
route retour de toutes les missions para et planeurs
return path for all airborne and gliders missions

"HOBOKEN"
Para 82 AB, mission "Detroit"
Para 101 AB, mission "Chicago"

Alderney

"SPOKANE"

CHERBOURG

Guernesey
"PEORIA"
"PADUCAH"

"RENO"
"MULESHOE"
CAEN

Jersey

DZ – LZ
82nd Airborne

DZ – LZ
101st Airborne

The planes carrying the paratroopers flew over the west coast of the Cotentin, with the cloud cover to protect them from flak. Unfortunately that same cloud cover also made for an extremely hazardous approach. Just before midnight on June 5, Ray Welty and his commando were ordered to go to DZ O to set up the beacons. The two Americans and the two British commandos were spotted by the Germans who fired at them, killing the three Britons and wounding the other American. The only one to escape unscathed, Ray set off his beacon, and a few minutes later, the C-47s began to drop their paratroops, whereupon the German soldiers withdrew. Ray Welty discovered to his great surprise that these were not pathfinders falling out of the sky at all, but the main body of the troops of 82nd Airborne (3).

This was because whereas the pathfinders of 101st Airborne, who were first to fly over the German anti-aircraft defenses, had the benefit of surprise, those of 82nd Airborne came in for heavy flak, forcing the C-47 pilots to drop them rather too hastily.

When the C-47s bringing the rest of the paratroops arrived at their dropping zone, they saw no precise marker beacons and the paratroops jumped over what was taken for their target; but in actual fact, amid all the confusion plenty of mistakes were made (4). The paratroops took hours to muster and form units ready for combat, as in addition to being scattered in the dark, they had to contend with some unfriendly vegetation in the form of the Bocage typical of the Cotentin peninsula – hedges around small fields of various shapes, making it difficult for the paratroops to link up and advance. This hedgerow country favored the defender much more than the attacker.

(2) During Operation Market Garden in Holland, the chiefs of staff were afraid that the Germans might do likewise and infiltrate the Allied air convoys with their own aircraft carrying similar paint marks. In this way, the white and black marks were removed on the top of the wings and fuselage and any aircraft not carrying this new identifying mark was to be shot down.

(3) At daybreak, Ray Welty gave his beacon to the paratroops to use it to mark out LZ W, but German resistance forced them back and the beacon was used for LZ O. On his return to England on June 8, he was sent back to the U.S. to follow his tactical training at Laurinburg Maxton, where he was not allowed to reveal any details of his secret mission.

(4) Only paratroops heading for DZ C landed on target.

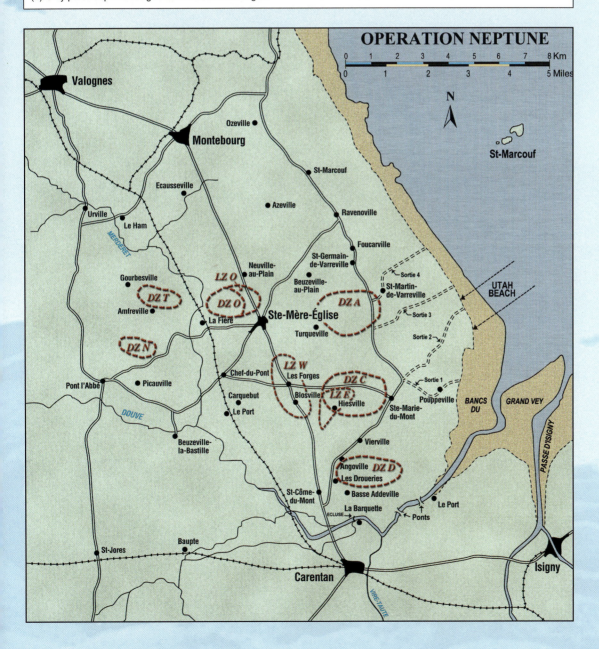

Photographe prise depuis le poste de pilotage d'un planeur. Noter le fil de communication attaché au câble de remorquage.

Glider pilot's view. Note the communication cable around the tow rope.

Mission « CHICAGO » :

Pendant que les unités de paras essayent tant bien que mal de retrouver un peu de cohésion, les premiers C-47, tirant des planeurs, s'envolent d'Aldermaston en Angleterre.

Les 52 planeurs Wacos du *434th TCG* ont pour mission d'emmener 155 hommes du *81st Anti-Aircraft Bn.* de la *101st Airborne* ainsi que des soldats du *327th Glider Infantry Regiment*, 16 pièces d'artillerie et 25 Jeeps sur la LZE près de Hiesville. La mission « Chicago » avait pour but de renforcer en hommes et en artillerie les paras de la *101st Airborne* arrivés peu de temps auparavant.

A 1 h 19, les 52 Wacos de la mission « Chicago » commencent à prendre leur envol. Dans la pénombre, les C-47 remorquant les planeurs s'envolent d'Aldermaston et se regroupent dans le ciel en colonne de quatre par la droite. Tout se passe bien lorsque, quelques minutes après le décollage, un des planeurs se détache accidentellement de son C-47 et atterrit sans dommage à six kilomètres de sa base de départ. Malheureusement, ce planeur emportait une puissante radio SCR-449 devant permettre au Général Taylor, commandant de la *101st Airborne*, de contacter l'Angleterre depuis les zones de combats.

Les 51 autres C-47 tirant chacun un planeur arrivent au-dessus de leur zone sans avoir été trop touchés par la *Flak*. Un avion et son planeur sont abattus près de Pont L'Abbé et 22 autres planeurs sont touchés par des tirs d'armes légères. Un C-47 perdu détache son planeur aux alentours de Carentan, à 12 kilomètres au sud de sa LZ. A 3 h 54, les C-47 arrivent au-dessus de la LZ E près de Hiesville. Ils allument leur « Green Light » afin de signaler aux planeurs qu'ils peuvent se détacher.

Exemple de vol en formation à l'entraînement du type « échelon de quatre par la droite ». C'est ce type de formation qui sera utilisé pour la Normandie. (Coll. de l'auteur.)

Example of flying in formation during training of the type "echelon of four to the right" This was the type of formation used for Normandy.

Ils n'ont que 60 secondes pour se décider car dans le cas contraire c'est le C-47 qui se détache, le retour de corde risquant d'endommager le planeur. Les planeurs atterrissent sur leur zone avec précision. Détachés à une altitude de 450 pieds, les pilotes essaient de trouver, dans l'obscurité, un champ de taille suffisante afin de poser leurs planeurs surchargés de matériels.

C'est le *Lieutenant-Colonel* Mike Murphy qui est aux commandes du planeur numéro un de cette première série. Il est alors considéré comme le meilleur pilote de planeurs des Etats-Unis et bénéficie d'une renommée incroyable dans tout le pays du fait de ses acrobaties lors des meetings aériens et sur les bases militaires. Avant guerre, il avait été le premier à poser un petit avion sur une voiture en train de rouler. Aux commandes d'un planeur Waco, il avait le premier effectué une série de loopings.

A l'origine, sa base d'affectation était au quartier général du *1st Troop Carrier Command* à Stout Field dans l'Indiana. Il était détaché temporairement en Angleterre afin de superviser l'entraînement des pilotes de planeurs. Son copilote est le *2nd Lieutenant* John M. Butler attaché au *53rd TCW*. A l'arrière se trouve l'adjoint au commandant de la 101ᵉ division aéroportée, le *Brigadier-General* Donald F. Pratt dans sa Jeep de commandement équipée d'une radio.

Initialement, ce dernier aurait dû débarquer avec des éléments de la 101ᵉ devant arriver sur *Utah-Beach* l'après-midi du Jour J, mais le Général Maxwell D. Taylor le persuada de faire partie de la pre-

Mission CHICAGO

Whilst the paratroop units did their best to achieve some semblance of order, the first glider tugs among the C-47s were taking off from Aldermaston in England.

The 52 Waco gliders of 434th TCG were to take 155 troops of 101st Airborne's 81st Anti-Aircraft Bn, along with men of 327th Glider Infantry Regiment, 16 artillery guns and 25 jeeps to LZ E near Hiesville. Mission Chicago was intended to provide reinforcement in men and artillery for the paratroops of 101st Airborne who had arrived a little earlier.

At 0119 hours, the 52 Wacos of Mission Chicago began to take off. In the failing light, the C-47 glider tugs took off from Aldermaston and got into formation four abreast to the right. Everything was going well, when, a few minutes into the flight, one of the gliders accidentally came adrift from the C-47 towing it and landed in one piece four miles from its take-off base. Unfortunately this was the glider carrying a powerful SCR-449 radio set which was to enable General Taylor, the commander of 101st Airborne, to contact England from the combat zone.

The other 51 C-47s each with a glider in tow arrived over their zone unscathed by flak. One plane and glider were shot down near Pont l'Abbé and 22 other gliders were hit by light gunfire. A C-47 that had lost its way released its glider somewhere near Carentan, about 8 miles south of its LZ. At 0354 hours, the C-47s arrived over LZ E near Hiesville. They switched on their green light to tell the gliders they could cut loose. They had only 60 seconds in which to do so, otherwise the C-47 would detach itself with the returning tow-rope liable to damage the glider. The gliders landed right on their zone. Having cast off at 450 feet, the pilots tried in the dark to find a field big enough to land their gliders overloaded with equipment.

Lieutenant-Colonel Mike Murphy was flying the leading glider of the first wave. At the time he was held to be the best glider pilot in the United

Le 3 juin, le *Lieutenant-Colonel* Murphy demanda à ce que son planeur soit équipé d'un « Griswold Nose » afin de renforcer l'avant de son appareil. Démonter le « Fighting Falcon » pour l'équiper de ce système aurait été trop long. Ainsi, on amena à la hâte un Waco anonyme déjà équipé, sur lequel on recopia les inscriptions : «Fighting Falcon presented by Greenville Schools Greenville Michigan » présentes sur le Fighting Falcon original. Ainsi le Jour J, deux Wacos portant les mêmes inscriptions s'envolèrent. Le premier avec le numéro 1 peint à l'avant et l'autre avec le numéro 45. Ce dernier fut piloté par le F/O Robert Butler originaire de Battle Creek dans le Michigan et copiloté par Everard H. (Tim) Hohmann.

Au-dessus de la Manche, Murphy a du mal à maintenir son appareil stable du fait de sa surcharge.

Dans le planeur numéro 2, Warriner se détache instantanément et aperçoit Murphy effectuer une manœuvre inhabituelle. Au lieu de commencer sa descente, il prend de l'altitude afin de repérer plus facilement un terrain propice à un atterrissage sûr.

Warriner atterrit le premier et, alors que son équipage sort du planeur, un bruit sourd fait trembler le sol. Murphy vient de se poser. Sa vitesse d'atterrissage est excessive et, lorsqu'il veut freiner, son Waco glisse sur l'herbe mouillée et s'encastre en bout de course dans un arbre au milieu d'une haie. Murphy est retenu par le harnais de son siège dans un enchevêtrement de tubes et de toiles. Reprenant ses esprits, il réussit à s'extraire de l'épave mais ses deux jambes sont cassées. Il constate que son copilote est mort sur le coup. Son corps désarticulé gît dans ce qui reste de la cellule frontale. A ce moment-là, Murphy voit passer trois blindés de reconnaissance allemands sur lesquels sont assis des fantassins en armes. Il reste immobile et ils passent leur chemin. Le Capitaine Van Gorder arrive près du « Fighting Falcon » et trouve

Angleterre, 1944. Le lieutenant-colonel Michael C. Murphy à gauche parle avec le lieutenant John M. Butler quelques jours avant le Jour J. Ils piloteront le « Fighting Falcon » dans lequel le brigadier-général Don Pratt trouvera la mort.

England, 1944. Lieutenant-Colonel Michael C. Murphy, on the left, speaking to Lieutenant John M. Butler a few days before D-Day. They were to fly the « Fighting Falcon » in which Brigadier-General Don Pratt was killed.

mière vague de planeurs. Pratt aurait préféré sauter au milieu de ses hommes, mais il n'avait pas suivi l'entraînement permettant de recevoir la qualification indispensable au saut en parachute.

Son aide de camp, le *1st Lieutenant* May, est assis sur un strapontin derrière la Jeep avec une sacoche remplie de cartes et de documents top-secrets. Le pilote du deuxième planeur de la série, le *1st Lieutenant* Victor B. Warriner, observe le planeur de Murphy qui a du mal à quitter le sol. En fait, l'Etat-Major, en plus d'avoir imposer un pilote très qualifié pour emmener le *Brigadier-General* Pratt, avait fait installer un blindage en acier sous la Jeep du général ainsi que sous les sièges des pilotes afin de les protéger des tirs d'armes légères provenant du sol.

A cette surcharge s'ajoutent de nombreux jerricans d'essence qui alourdissent encore l'appareil. Dans le planeur de Warriner qui s'apprête à décoller se trouve le Capitaine-médecin Charles O. Van Gorder du *3rd Auxiliary Surgical Group* (*326th Airborne Medical Company* rattachée à la *101st Airborne*) ainsi que quatre soldats. Van Gorder fait partie d'un groupe qui a pour mission d'installer un hôpital de campagne dans le Château de la Colombière, dans la LZ E. Le commandant de ce groupe, le *Major* Crandall, est chirurgien, ainsi que Van Gorder et le Capitaine John S. Rodda. Dans le groupe se trouvent aussi le Capitaine Saul Dworkin, anesthé-

Le F/O Robert Butler, pilote du « Fighting Falcon » original. (Robert Butler.)

F/O Robert Butler, pilot of the original "Fighting Falcon".

aux côtés de Murphy le *Lieutenant* May armé d'une mitraillette. Le *Lieutenant* May est groggy mais ne souffre que de contusions. Au moment de l'impact, il s'est plaqué contre l'arrière de la Jeep afin de se protéger. Murphy est allongé par terre et Van Gorder constate qu'il a les deux jambes fracturées. Murphy refuse la morphine qui lui est proposée afin de garder les esprits clairs pour se défendre et demande à ce qu'on aille évaluer l'état du *Brigadier-General* Pratt. Van Gorder pénètre dans le Waco et le trouve assis côté passager de la Jeep, le casque encore sur la tête. Le choc de l'atterrissage a brisé ses vertèbres cervicales. C'est l'officier du plus haut rang tué le Jour J. Le *Major* Crandall arrive sur les lieux, il promet à Van Gorder de lui envoyer des secours dès qu'il sera arrivé au château de la Colombière à Hiesville.

Quelques heures plus tard, Murphy et Van Gorder sont évacués dans une Jeep envoyée par le *Major* Crandall. (5)

A Vierville, au sud de la LZE, la famille Goudard se trouve aux premières loges le 6 juin : toute la nuit, le bruit des bombardements au loin les maintiennent éveillés et, par précaution, ils se réfugient dans une tranchée creusée sous un tas de fagots dans la cour. A 7 heures du matin, Jean Goudard, 15 ans et demi, voit arriver le maire du village, M. Lenoël, qui leur annonce que le débarquement a commencé. Il a vu trois avions se poser derrière le château dans lequel il réside, dans un des champs des Goudard. Des soldats américains en étaient sortis et étaient venus frapper à sa porte. En fait, il s'agit de trois Wacos ayant atterri dans vingt centimètres d'eau. Quelques personnes du village se rendent sur place et Jean Goudard voit les soldats US en train de décharger une Jeep et des munitions. Ils souhaitent rejoindre d'autres planeurs sur Angoville au Plain et le père, Eugène Goudard, les guide jusque là-bas.

Malheureusement, le soir même, Raymond, le frère aîné de Jean, reçoit une balle dans le ventre alors qu'il emmenait une carriole réquisitionnée par des paras US. Il est transporté non loin de là, à la ferme de la Baumée où un poste de premiers secours de la *101st* est installé en attendant la mise en place de l'hôpital dans le château de la Colombière. Il est soigné par les médecins paras mais ceux-ci ne peuvent faire de miracle. Raymond Goudard meurt dans la nuit du 7 au 8.

Vierville va être une zone très disputée entre les unités américaines et les Allemands. Dès le 6 au soir, les paras du Ier bataillon du 6e régiment de von der Heydte, stationnés autour de Carentan, contre-attaquent vers le nord et reprennent le bourg de Vierville. Ce n'est que le 7 juin dans la journée, après des combats brefs mais intenses, que les Américains repoussent définitivement les Allemands hors du village.

Tout comme les parachutistes qui ratèrent leur DZ, la majorité des planeurs de la mission « Chicago » manquèrent leur LZ. Seuls 6 d'entre eux se posèrent avec précision, 15 à moins d'un kilomètre, 10 se retrouvèrent trop à l'ouest, près du carrefour des Forges, dans la LZ W. Les 18 restants atterrirent à l'est et au sud-est de la LZ E.

Le bilan des pertes de cette première mission fut de cinq passagers tués, dix-sept blessés graves et sept disparus.

(5) Le 9 juin, Murphy fut évacué à bord d'un LST vers l'Angleterre, puis fut envoyé à l'*U.S. Army hospital* de Fort Benjamin dans l'Indiana. Il put remarcher à Noël 1944. Le château sera détruit le 9 juin par un bombardier allemand. Les pertes humaines seront limitées car 400 blessés avaient été évacués peu de temps auparavant.

States and basked in an incredible reputation all over the country for his acrobatics at air shows and at military bases. Before the war, he had been the first to land a small airplane on a car as it drove along. And he had been the first to loop the loop while flying a Waco glider.

Originally he was based at the headquarters of 1st Troop Carrier Command at Stout Field (Indiana). He was dispatched temporarily to England in order to supervise glider pilot training. His co-pilot was 2nd Lieutenant John M. Butler of 53rd TCW. In the rear was the deputy commander of 101st Airborne, Brigadier-General Donald F. Pratt in his command jeep, carrying a radio set.

Pratt was initially supposed to be landing with elements of 101st Airborne due to arrive on Utah Beach during the afternoon of D-Day, but General Maxwell D. Taylor persuaded him to join the first wave of gliders. Pratt would have preferred to jump with his men, but he had not done the training required to qualify him to make a parachute jump.

His aide-de-camp, 1st Lieutenant May, was sitting on a jumpseat behind the jeep with a bag full of top secret documents and maps. The pilot of the second glider in the wave, 1st Lieutenant Victor B. Warriner, watched Murphy's glider as it struggled to get off the ground. The chiefs of staff had not only imposed a highly skilled pilot to fly Brigadier-General Pratt but had also had steel armor fitted under the general 's jeep and the pilots' seats to protect them against light gunfire from the ground.

The glider was further weighed down by the large numbers of jerry cans of gasoline it was carrying. In Warriner's glider ready to take off was medical officer Captain Charles O. Van Gorder of 3rd Auxiliary Surgical Group (326th Airborne Medical Company attached to 101st Airborne) and four men. Van Gorder was one of a group whose mission was to set up a field hospital in the Château de la Colombière in LZ E. Major Crandall, the group commander, was a surgeon, as were Van Gorder and Captain John S. Rodda. The group also included an anesthetist, Captain Saul Dworkin, and four medical orderlies, Sergeants Allen E. Ray, Emil K. Natalle, Francis J. Muska and Ernest Burgess. As a safety measure, they were sent over in different gliders.

On June 3, Lieutenant-Colonel Murphy asked for his glider to be fitted with a Griswold Nose to strengthen the forward section. As there was no time to disassemble the Fighting Falcon to fit the system onto it, another anonymous Waco with it already fitted was rushed in, and the inscriptions on the original glider, "Fighting Falcon presented by Greenville Schools Greenville Michigan", were copied onto it. So, two gliders with identical inscriptions took off on D-Day, one with a number one painted on the front, the other with a number 45. This latter was flown by F/O Robert Butler of Battle Creek Michigan, with Everard H. Hohmann as co-pilot.

Murphy's glider was so overloaded that he had trouble holding it steady over the English Channel.

In glider number 2, Warriner released his glider instantly and saw Murphy perform an unusual maneuver. Instead of starting to descend, he gained height so as to be sure of locating a suitable safe landing site.

Warriner landed first and as his crew was getting out of the glider, a dull thud set the ground shaking. Murphy had just landed. He had come in too fast and when he tried to brake, his Waco skidded on the wet grass and ended up crashing into a tree in the middle of a hedge. Murphy was held in his seat harness amid a tangle of tubes and fabric. Coming to, he managed to pull himself clear of the wreckage, but with both legs broken. He saw that his co-pilot had been killed instantly, his disjointed body lying in what was left of the front airframe. At that moment, Murphy spotted three German reconnaissance tanks passing, with armed infantry sitting on them. He stayed motionless and they passed him by. Captain Van Gorder came up to the Fighting Falcon and found Lieutenant May at Murphy's side, armed with a machinegun. Lieutenant May was groggy but suffering from no more than bruises. At the moment of impact, he had lain up against the back of the jeep to protect himself. Murphy was lying on the ground and Van Gorder saw that he had both legs broken. Murphy turned down an offer of morphine so as to have a clear head to defend himself, and asked for someone to go and see how Brigadier-General Pratt was doing. Van Gorder climbed into the Waco and found him in the passenger seat of the jeep with his helmet still on. The crash landing had broken his neck. He was the highest-ranking officer killed on D-Day. Major Crandall arrived on the spot, promising Van Gorder to send help just as soon as he had arrived at château de la Colombière in Hiesville.

A few hours later, Murphy and Van Gorder were evacuated in a jeep sent to them by Major Crandall. (5)

(5) On June 9, Murphy was evacuated to England aboard an LST, whence he was transferred to the U.S. Army hospital at Fort Benjamin (Indiana). He was able to walk again by Christmas 1944. The château was destroyed by a German bomber on June 9. There were not too many casualties, as 400 wounded had been evacuated not long before.

1, 2 et **3.** Photos couleurs du château de la Colombière à Hiesville utilisé à partir du 6 juin comme hôpital de campagne. (Collection Dubois-Berranger.)

4. Claude Goudard porte l'étoile américaine prise sur l'un des trois Wacos qui ont atterri dans son champ. Il se trouve à l'endroit exact où ils se posèrent le 6 juin. (Coll. de l'auteur.)

5. Deux des trois Wacos derrière le château de Vierville. Ils se posèrent le 6 juin à l'aube. On remarque le *Griswold Nose* sur le Waco au premier plan. (Coll. Goudard.)

6. Claude Goudard en 1999 montrant une corde retrouvée en août 1944 reliant le C-47 au planeur. (Coll. Goudard.)

7. Photo prise de l'autre côté du même planeur. (Coll. Goudard.)

8. Cette photo montre un pilote accrochant la corde à un C-47. On note le câble radio attaché à cette corde. (National Archives.)

1, 2 and 3. Color photographs of Château de la Colombière at Hiesville used as a field hospital from June 6.

4. Claude Goudard holding the American star taken from one of the three Wacos that landed in his field. He is standing exactly where they touched down on June 6.

5. Two of the three Wacos behind the Château de Vierville. They landed at dawn on June 6. Note the Griswold Nose on the Waco in the foreground.

6. Claude Goudard in 1999 showing a rope he found in August 1944 connecting the C-47 to the glider.

7. Photo taken on the other side of the same glider.

8. This photo shows a pilot hooking the tow-rope onto a C-47. Note the radio cable attached to the rope.

At Vierville, to the south of LZ E, the Goudard family had a grandstand view of D-Day: kept awake all night by the noise of distant bombing raids, they took the precaution of sheltering in a trench they had dug under a woodpile in the yard. At seven in the morning, Jean Goudard, aged 15, saw Monsieur Lenoël, the village mayor, arrive to tell them the landings had begun. He had seen three airplanes landing behind the chateau where he lived, in one of the Goudard's fields. Some American soldiers had got out and knocked on his door. In actual fact, it was three Wacos that had landed in eight inches of water. A few villagers came onto the scene and Jean Goudard saw the GIs unloading a jeep and ammunition. They were wanting to link up with some other gliders at Angoville au Plain and so the father, Eugène Goudard, showed them the way.

Unfortunately, that same evening, Jean's elder brother, Raymond, was hit by a bullet in the stomach as he was moving a cart that had been requisitioned by American paratroops. He was taken to the nearby Baumée Farm where a 101st Airborne first aid post had been set up until such time as the field hospital at château de la Colombière became operational. He was treated by parachute medics, but they could not work miracles and Raymond Goudard died during the night of June 7 to 8.

Vierville proved to be a zone that both the Americans and the Germans fought hard to control. From the evening of June 6, paratroops of von der Heydte's 1st battalion of the 6th Regiment stationed around Carentan counter-attacked northwards, recapturing Vierville. It was only during the following day, after a brief but fierce battle, that the Americans were finally able to drive the Germans out of the village.

Like the paratroops who missed their DZ, most of the gliders of Mission Chicago missed their LZ. Only 6 landed on target, 15 came within a kilometer, 10 landed too far to the west, near the Forges crossroads in LZ W. The other 18 landed to the east and south-east of LZ E.

Total casualties on this first mission were five passengers killed, seventeen seriously injured and seven missing.

PRATT MEMORIAL

BEFORE DAWN, JUNE 6, 1944, BRIGADIER GENERAL
DON F. PRATT, ASSISTANT DIVISION COMMANDER
101ST AIRBORNE DIVISION (UNITED STATES ARMY)
WAS KILLED WHEN HIS GLIDER CRASHED 250
METRES EAST OF THIS POINT. HE WAS THE
FIRST GENERAL ALLIED FORCES OFFICER
IN THE LIBERATION OF FRANCE.

AVANT L'AUBE, LE 6 JUIN 1944, LE GÉNÉRAL DE
BRIGADE DON F. PRATT, COMMANDANT ADJOINT
DE LA 101ÈME DIVISION AÉROPORTÉE DE L'ARMÉE
DES ETATS—UNIS, A ÉTÉ TUÉ LORS DE L'ÉCRASE-
MENT DE SON PLANEUR À 250 MÈTRES À L'EST
DE CE LIEU. IL ÉTAIT LE PREMIER OFFICIER
GÉNÉRAL DES FORCES ALLIÉES À DONNER SA VIE
POUR LA LIBÉRATION DE LA FRANCE.

1. Le 25 mai 1944 en Angleterre. De gauche à droite : le lieutenant John L. May (aide de camp du général Pratt), le général Pratt, le lieutenant-colonel Mike Murphy (pilote), le lieutenant John M. Butler (co-pilote). Seuls Murphy et May survécurent au crash du « Fighting Falcon ». (National Archives.)

2. Donald F. Pratt à l'époque où il n'était que lieutenant. (National Archives/Heimdal.)

3. Plaque du mémorial érigé à l'endroit où s'est écrasé le planeur du général Pratt à Hiesville. (Photo de l'auteur.)

4. Tombe du *Brigadier General* Don Pratt au cimetière d'Arlington à Washington D.C. (Photo de l'auteur.)

1. May 25, 1944 in England. Left to right : Lieutenant John L. May (aide-de-camp of General Pratt), General Pratt, Lieutenant-Colonel Mike Murphy (pilot), Lieutenant John M. Butler (co-pilot). Only Murphy and May survived the crash of the « Fighting Falcon ».

2. Donald F. Pratt at a time when he was only a lieutenant.

3. Memorial plaque set on the spot where General Pratt's glider crashed at Hiesville.

4. The grave of Brigadier General Don Pratt at Arlington Cemetery, Washington D.C.

5. Le capitaine Charles O. Van Gorder aux Etats-Unis en 1943. (National Archives/Heimdal.)

5. Captain Charles O. Van Gorder in the United States in 1943.

Casque de Charles O. Van Gorder. (Coll. privée.)

Helmet of Charles O. Van Gorder.

6. Le capitaine Charles O. Van Gorder devant l'épave du planeur transportant le général Don Pratt. On aperçoit sur la droite de la photo un long pieux en bois utilisé par les paras afin de faire levier pour dégager le planeur de la haie dans laquelle il s'était encastré. (Milton Dank.)

7. Emil Keith Natalle, de la *326th Airborne Medical Company* de la 101e Airborne, se tient devant les restes du planeur dans lequel il est arrivé. Celui-ci était piloté par Miles Wagner, dans le quatrième planeur de la première vague. Notez le *Griswold Nose*. (Coll. de l'auteur.)

6. Captain Charles O. Van Gorder in front of the wreckage of the glider carrying General Don Pratt. On the right of the photograph we can see a long wooden stake used as a lever by the paratroops to pull the glider clear of the hedge it had got caught in.

7. Emil Keith Natalle of 326th Airborne Medical Company of 101st Airborne, standing in front of the remains of the glider he arrived in. The pilot was Miles Wagner, flying the fourth glider of the first wave. Note the Griswold Nose.

Mission « DETROIT » :

Aux premières heures du 6 juin, les C-47 tirant les planeurs de cette mission décollent de Ramsbury, emportant les batteries A et B du *80th Anti-Aircraft Bn.* ainsi que des éléments de l'état-major, des transmissions et de l'artillerie de la *82nd Airborne*. Ils doivent rejoindre la LZ O à 4 h 10, 10 minutes après que les éléments de la *101st* de la mission « Chicago » se soient posés.

La mission « Detroit » est la seule à transporter des hommes et de l'équipement sur cette LZ. Elle est située au nord de Sainte-Mère-Eglise, accolée à la DZ O où les paras de la *82nd Airborne* ont sauté quelques heures plus tôt pour la mission « Boston ».

En survolant les côtes françaises, la mission rencontre un épais manteau nuageux et sept planeurs se détachent de leurs avions. Lorsque les avions descendent à 500 pieds à proximité de la LZ, sept autres planeurs se détachent et atterrissent sur la rive ouest du Merderet où Gavin et ses paras ont été lâchés par erreur. Pour éviter les tirs de la *Flak* et des armes légères, les planeurs piquent vers le sol rapidement après s'être détachés. Cela occasionne des atterrissages en force et de nombreux planeurs sont endommagés : onze Jeep sont inutilisables. Les autres sont en état de fonctionner même si deux d'entre elles ne peuvent être extraites de leurs planeurs qui ne sont qu'un amas de ferrailles.

Aux commandes du 13ᵉ Waco de la série se trouve le F/O Donald F. O'Hora et son copilote, le F/O John Mahe, du *85th TCS, 437th TCG.* Dans leur appareil, une Jeep de commandement, un sergent de la *82nd Airborne*, des rations K, des caisses de grenades et des bobines de câbles téléphoniques. A l'approche de la LZ O, le planeur est violemment touché par des tirs d'armes légères qui font voler en éclat le plexiglas du cockpit. Blessé à la cheville gauche, Don O'Hora se détache et ne peut éviter le crash au cours duquel il se blesse à l'autre jambe. Le Waco

est pulvérisé et la Jeep à l'arrière inutilisable. Ils se cachent dans une haie, bloqués par les Allemands qui ouvrent le feu à chaque tentative de mouvement. Mahe, O'Hora et le sergent de la *82nd* restent au même endroit toute la journée du 6 et du 7 juin. N'ayant quasiment plus de munitions, Don leur propose de quitter l'endroit pendant la nuit, pour aller chercher du secours (6). Don, à présent seul, se rend compte qu'il ne peut pas rester plus longtemps dans ce fossé seul et sans munitions. Ne pouvant presque pas se déplacer, il marche difficilement pendant quelques heures, n'avançant que de quelques centaines de mètres, et s'installe finalement dans une grange à proximité. Il reste caché toute la journée du 8 juin et la nuit suivante. Le lendemain matin, le couple de fermiers ayant aperçu ce visiteur indésirable, reviennent avec huit soldats allemands qui le capturent. Don O'Hora se met en marche lentement, encadré par les soldats allemands qui lui donnent de temps en temps des coups de crosse afin d'accélérer l'allure. Au bord d'une route, un fermier lui donne un bâton afin qu'il puisse se mouvoir plus facilement. En chemin, il a une vision d'horreur. Le corps de deux parachutistes américains pendent au bout de leur parachute, encore accrochés dans les arbres. Un soldat allemand fait balancer le corps de l'un deux afin d'avoir une cible mouvante pour s'entraîner au tir. L'autre parachutiste s'est vidé de son sang après avoir eu les testicules coupées. Un troisième corps gît par terre.

Horrifié par la scène, Don ne se fait guère d'illusion sur son propre destin. Plus tard, ils arrivent dans un petit village où il est chargé sur une charrette tiré par un cheval sur laquelle se trouvent des soldats allemands blessés. Soudain, le village est pilonné par l'artillerie américaine et ils s'enfuient précipitamment.

Ils sont transportés dans un hôpital de campagne en retrait du front où s'entassent, sous des tentes ou à l'extérieur, de nombreux blessés allemands mais aussi américains allongés à même le sol. Donald est installé aux côtés d'un sergent de la *82nd Airborne* avec lequel il sympathise. La blessure à la cheville de Don commence à noircir et les médecins allemands font de leur mieux pour limiter l'infection. Il y reste trois semaines, le temps que sa blessure cicatrise. Ils apprennent alors que l'hôpital va bientôt être déplacé du fait de l'approche des troupes américaines. Aussi, un soir, il décide de s'évader en compagnie du sergent de la *82nd.* Ils marchent plusieurs jours et finissent par rencontrer des soldats américains qui les considèrent comme des espions : ils sont interrogés et isolés. En effet, la hantise de l'armée américaine est d'être infiltrée par des espions allemands habillés en uniformes américains. Ainsi, ils sont conduits sous escorte jusqu'à *Utah-Beach* en ayant l'interdiction formelle d'adresser la parole à d'autres soldats américains. Donald est transporté à Londres afin d'y être interrogé par le contre-espionnage et on fait venir un officier de son squadron, le *Captain* Affleck, afin qu'il le reconnaisse. Début septembre 1944, Don O'Hora est convoqué au Quartier Général du SHAEF à Versailles afin de témoigner des atrocités qu'il avait vues en Normandie.

Une vingtaine de Wacos se sont posés avec précision au centre de la LZ O. En revanche, 3 soldats de la *82nd* ont péri pendant les atterrissages et 23 ont été blessés. 11 Jeeps ont été détruites mais les 8 canons transportés sont en état et vont pouvoir soutenir les paras.

Le *Flight Officer* Don O'Hora.

Flight Officer Don O'Hora.

(6) Don O'Hora apprendra à son retour en Angleterre que la Jeep chargée de venir le chercher fut touchée de plein fouet par un tir de mortier, tuant sur le coup le chauffeur.

L'état-major de la *82nd Airborne Division* en Grande-Bretagne avant le Jour J. Au premier rang, de gauche à droite : le *Brigadier General* Gavin (commandant en second), le *Major General* Ridgway (qui commande la division), le colonel Ralph. P. Eaton (chef d'état-major) ; 2ᵉ rang de gauche à droite : le capitaine Arthur G. Kroos Jr. (aide de camp), le lieutenant-colonel Robert H. Wienecke (G-3), le lieutenant-colonel Frederick M. Schellhammer (G-1), le lieutenant-colonel Bennie A. Zinn (G-4), le lieutenant-colonel Jack Whitfield (G-2). (Coll. H.J. Renaud.)

Chiefs of staff of 82nd Airborne Division in Britain prior to D-Day. Front row, left to right : Brigadier-General Gavin (second in command), Major-General Ridgway (divisional commander), Colonel Ralph. P. Eaton (chief of staff) ; 2nd row, left to right : Captain Arthur G. Kroos Jr. (aide-de-camp), Lieutenant-Colonel Robert H. Wienecke (G-3), Lieutenant-Colonel Frederick M. Schellhammer (G-1), Lieutenant-Colonel Bennie A. Zinn (G-4), Lieutenant-Colonel Jack Whitfield (G-2).

Le poste de commandement du général Ridgway à l'ouest de Sainte-Mère-Eglise, au lieu-dit « Ferme de la Couture », devait servir de point de regroupement pour la plupart des unités de la *82nd Airborne* arrivées par planeurs. L'état-major de la division se composait de quatre sections. La section G1, commandée par le *Lieutenant-Colonel* Schellhammer, était chargée du personnel, G2 commandée par le *Lieutenant-Colonel* Jack Whitfield s'occupait du renseignement, G3 commandée par le *Lieutenant-Colonel* Robert Weinecke gérait la cartographie et le suivi des opérations et la section G4, commandée par le lieutenant-colonel Bennie Zinn, était responsable du transport et du ravitaillement. Parmi les soldats rattachés à la section G3, le sergent Len Lebenson avait comme fonction de s'occuper de l'installation des cartes, de l'équipement radio et du matériel indispensable à l'organisation de l'unité une fois celle-ci arrivée au PC. Il devait théoriquement s'envoler de Ramsbury dans le planeur dans lequel se trouvait la remorque chargée de cartes et de matériels mais un contre-temps de dernière minute l'obligea à s'installer dans un autre appareil emmenant le commandement d'une autre unité. C'est un de ses camarades du G3, le PFC Raymond Jungclas qui l'avait remplacé.

A 1 h 29 le 6 juin, Lebenson décolle de Ramsbury aux côtés du général March, *Division Artillery Commander* de la *82nd*, et d'une partie de son état-major. En arrivant au-dessus de la côte ouest du Cotentin, ils sont la cible de la *Flak*. Par chance, ils ne sont pas touchés et s'approchent de la LZ O. Le pi-

Mission DETROIT

During the very early hours of June 6, the C-47s towing the gliders of this mission took off from Ramsbury, carrying Batteries A and B of 80th Anti-aircraft Bn., together with elements of general staff, signalling and artillery of 82nd Airborne. They were due to reach LZ O at 0410 hours, 10 minutes after the elements of 101st Airborne of Mission Chicago had landed.

Mission Detroit was the only one taking men and equipment to this LZ, north of Sainte-Mère-Eglise, right next to DZ O where the paratroops of 82nd Airborne landed hours earlier in Mission Boston.

As it flew over the French coast, the mission ran into a thick cover of cloud and seven gliders pulled free of their tug aircraft. When the planes came down to 500 feet close to the LZ, seven more gliders were released and landed on the west bank of the Merderet where Gavin and his paratroops had been dropped by mistake. To avoid flak and light arms fire, the gliders dived down quickly after casting off. This meant forced landings and many gliders were damaged; eleven jeeps were unusable, while the rest were operational, although two of them could not be removed from their gliders, which had been reduced to scrap.

Piloting the 13th Waco of the serial was F/O Donald F. O'Hora with his co-pilot, F/O John Mahe, of 85th TCS, 437th TCG. In their machine there was a command jeep, a sergeant from 82nd Airborne, K rations, crates of grenades and reels of phone wire. As it approached LZ O, the glider was shaken with small arms fire which smashed the plexiglas cockpit to pieces. Wounded in the left ankle, Don O'Hora cast off and could not avoid crashing, injuring his other leg in the process. The Waco was shattered and the jeep in the back beyond repair. They hid in a hedgerow, held there by the Germans who opened fire each time they made a move. Mahe, O'Hora and the sergeant from 82nd Airborne stayed where they were all day June 6 and June 7. As ammunition ran low, Don suggested they set off during the night to get help. Now alone, Don realized that he could stay alone no longer in that ditch with no ammunition (6). Hardly able to move, he limped off, covering only a few hundred yards in several hours, until he came to a nearby barn, where he stopped. He remained hidden there all day June 8 and the following night. The next morning, the farmer and his wife noticed this undesirable visitor and came back with eight German soldiers, who took him prisoner. Don O'Hora set off slowly, surrounded by these German soldiers, who gave him a blow with their rifle butts from time to time to hurry him along. At a roadside, a farmer gave him a stick to make walking easier for him. On the way he saw something really sickening. The bodies of two U.S. paratroopers were hanging from their parachutes still caught in the trees. One of the Germans set one of the bodies swinging to take some shooting practice against a moving target. The other paratrooper had lost all his blood after having his testicles cut off. There was a third body lying on the ground.

Horrified by the sight, Don had no illusions as to his own fate. Later, they arrived in a small village, where he was loaded onto a horsedrawn cart on which lay some wounded German soldiers. Suddenly the village was being pounded by American artillery and they hurried away.

They were taken to a field hospital behind the front line, where many German and American wounded were piled up on the ground in tents and outside. Donald was placed next to a sergeant from 82nd Airborne with whom he got friendly. His ankle injury was turning black and the German medics did what they could to prevent it becoming too infected. He stayed there for three weeks until his wound healed. Then they heard that the hospital was soon going to be moved on account of the advancing U.S. troops. So, one evening, he decided to escape with his sergeant friend. They walked for several days and finally came across some GIs who treated them like spies, with interrogation and confinement. This was because the U.S. Army's nightmare was being infiltrated by German soldiers in American uniform. So they were escorted to Utah Beach and strictly forbidden to speak to any other American soldiers. Donald was sent to London for interrogation by the counter-espionage service and Captain Affleck, an officer from his squadron, was brought in to identify him. Early in September 1944, Don O'Hora was summoned to SHAEF headquarters to testify to the atrocities he had witnessed in Normandy.

Around twenty Wacos landed on target right in the middle of LZ O. On the other hand, 3 men of 82nd Airborne were killed during the landing, and 23 more injured. 11 jeeps were destroyed, but the 8 guns brought over were serviceable and gave support to the paratroops.

(6) Don O'Hora found out on his return to England that the jeep that was to come and pick him up received a direct hit by a mortar, killing the driver.

lote du C-47 met alors en route sa « Green Light » et le planeur se détache. Au moment de l'atterrissage, le F/O aux commandes du Waco aperçoit au dernier moment une maison placée sur sa trajectoire mais sa manœuvre ne peut l'empêcher de percuter le hangar attenant. Le planeur est très endommagé mais, par miracle, personne n'est blessé grièvement. Len Lebenson s'en tire avec des contusions à un œil. Les autres passagers se mettent aussitôt à l'abri dans une haie où ils découvrent un para de leur division, la cheville cassée. Il était arrivé depuis une heure et n'avait pas pu rejoindre les soldats de son unité. Il leur indique que juste avant leur arrivée, un échange de tirs avait eu lieu sur la route à proximité. Après avoir étudié la carte, ils se rendent compte qu'ils ont atterri en plein milieu de leur LZ, à l'ouest de Sainte-Mère-Eglise. Lebenson ayant une mission différente des autres membres de son petit groupe, il les quitte et part à la recherche du PC. Il décide de ne pas emprunter la route mais de couper à travers champs et de profiter des épaisses haies afin de pouvoir se déplacer en s'y abritant de temps en temps. Régu-

Ci-contre : Le sergent Len Lebenson, affecté au quartier général de la *82nd Airborne,* pose devant un Waco CG4A en Angleterre en avril 44. (Len Lebenson.)

Ci-dessous : Epave du planeur ayant transporté Len Lebenson, sergent de la *82nd Airborne*. L'atterrissage eut lieu à un kilomètre à l'ouest de Sainte-Mère-Eglise. Le général Andrew March était lui aussi à bord. (Len Lebenson.)

Opposite : Sergeant Len Lebenson, posted to 82nd Airborne headquarters, poses in front of a Waco CG4A in England in April 44.

Below : Wreckage of the glider that carried Sergeant Len Lebenson of 82nd Airborne. It landed less than a mile to the west of Sainte-Mère-Eglise. General Andrew March was also on board.

lièrement, il aperçoit un soldat et reste à distance le temps de s'assurer qu'il s'agit bien d'un compatriote. Vers 7 h 00, trois heures après l'atterrissage, Len Lebenson arrive au PC où il retrouve des soldats de son unité ainsi que le lieutenant-colonel Zinn. Malheureusement, ce dernier n'a ni véhicule, ni radio, ni carte d'état-major et ne peut pas faire le point sur la localisation des troupes apparemment éparpillées dans le secteur. Au PC, un groupe de pilotes de planeur étaient déjà arrivés et échangeaient leurs impressions sur ce qu'ils venaient de vivre. Tout au long de la matinée, des soldats, seuls ou en groupe, rejoignent la ferme de la Couture. Aucune trace de Jungclas. Vers midi, des tirs d'artillerie allemands s'intensifient au loin, autour de Sainte-Mère-Eglise, et de l'autre côté vers La

General Ridgway's command post, at a place called "Ferme de la Couture" to the west of Sainte-Mère-Eglise, was to be used as a muster point for most of the units of 82nd Airborne landing by glider. The divisional staff was in four sections. Section G1, under Lt.-Col. Schellhammer, was in charge of personnel ; G2, under Lt.-Col. Jack Whitfield, was responsible for intelligence ; G3, under Lt.-Col. Robert Weinecke, looked after mapping and monitoring of operations, and section G4, commanded by Lt.-Col. Bennie Zinn, was responsible for transport and supplies. Among the men attached to section G3, Sergeant Len Lebenson had the job of setting up map, radio and other equipment vital for the unit's organization once it arrived at the CP. He was supposed to fly over from Ramsbury in the glider carrying the trailer loaded with maps and equipment, but owing to a last-minute hitch, he boarded a glider carrying the commanders of another unit, and so he was replaced by one of his G3 comrades, PFC Raymond Jungclas.

Le sergent Lebenson assis sur la roue d'un Horsa qui s'est « crashé » à l'atterrissage à l'ouest de Sainte-Mère-Eglise. (Len Lebenson.)
Sergeant Lebenson sitting on the wheel of a Horsa that crash-landed west of Sainte-Mère-Eglise.

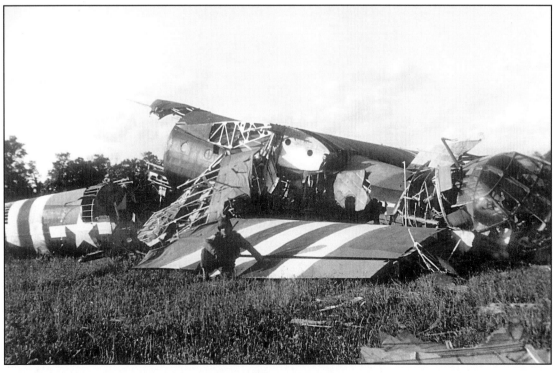

Le *Private* Harold Wilhelm devant l'épave du même planeur. (Len Lebenson.)
Pvt Harold Wilhelm in front of the wreckage of the same glider.

Ci-desssus : Planeur Waco posé près de Sainte-Mère-Eglise. Noter la peinture sur le côté « Jughead » qui signifie « tête de cruche ». (Len Lebenson.)
Ci-dessous : Le même planeur pris sous un angle légèrement différent. On aperçoit mieux le simple patin utilisé aussi en Normandie. (Len Lebenson.)
Above : *Waco glider near Sainte-Mère-Eglise. Note the word « Jughead « painted on the side.*
Below : *The same glider taken from a slightly different angle, with a better view of the single skid also used in Normandy.*

Fière. Ridgway va et vient, donnant des ordres, rageant contre le manque de matériel. Lebenson, de son côté, ne pouvant remplir sa fonction habituelle, se joint à d'autres soldats pour creuser une tranchée permettant de se protéger en cas de pilonnage d'artillerie ennemie ou de se défendre en cas d'attaque au sol. Soudain, le PC est brièvement mais violemment pris pour cible par des tirs d'armes légères et des canons allemands : plusieurs soldats sont tués ou blessés, dont le Lieute-

nant-colonel Zinn qui prend une balle dans l'œil. Le 7 juin au matin, un des adjoints de Ridgway vient trouver Lebenson et lui donne pour mission d'aller trouver et de ramener l'autre général de la *82nd Airborne*, James Gavin, qui avait également sauté avec les paras et qui avait été localisé à quelques kilomètres. Impressionné autant qu'honoré par cette tâche, Lebenson part remplir sa mission, avançant prudemment dans la zone infestée de snipers allemands. Grâce à des indications précises, il trouve l'endroit une heure plus tard et rencontre son supérieur, le *Lieutenant-Colonel* Weinecke, qui lui annonce que Gavin est justement parti au PC. Le chirurgien de la division, le colonel Lindstrom, était là lui aussi et tous se mettent en route. En chemin, ils tombent sur Gavin accompagné de quelques soldats et tous rejoignent Ridgway sans incident. Pour cette mission, Lebenson recevra la *Bronze Star*. Quelques jours plus tard, il part encore avec un de ses camarades d'unité, le *Private* Harold P. Wilhelm, afin de retrouver le planeur dans lequel il était arrivé. Il ne le trouve pas mais prend quelques clichés de Horsas « crashés » dans un champ aux abords de Sainte-Mère-Eglise à l'aide d'un appareil Kodak transporté en cachette. Plus tard, Lebenson apprit que Jungclas, son camarade qui l'avait remplacé dans le Waco, avait été grièvement blessé à l'atterrissage et rapidement capturé par les Allemands qui l'ont transporté dans un hôpital où il mourut quelques jours plus tard.

Au sud, la *101st Airborne* tient la LZ E ainsi que la plupart des points stratégiques prévus. Les paras de la *82nd* occupent le centre de Sainte-Mère-Eglise, coupant ainsi la route principale Cherbourg-Carentan. En revanche, la LZ W, où doit atterrir la prochaine mission de planeurs, est aux mains des Allemands : cette zone aurait dû être sécurisée par les paras du *505th PIR* de la *82nd Airborne*, mais une forte résistance allemande a empêché toute progression. N'ayant toujours pas récupéré sa radio, Ridgway n'a pu contacter le quartier général de son supérieur, le *Lieutenant-General* J. Lawton Collins du 7ᵉ Corps, à bord de l'*USS Bayfield*, et donc l'informer que la LZ W était encore partiellement aux mains de l'ennemi. C'est donc dans l'ignorance totale de la situation en Normandie que les missions « Elmira » et « Keokuk » s'apprêtent à décoller d'Angleterre le 6 juin en fin d'après-midi.

Depuis le début des opérations, les unités et planeurs n'ont pas réussi à se rassembler. Des soldats de diverses unités sont mélangés et livrent des combats sporadiques contre un ennemi invisible. L'état-major savait qu'il fallait du temps aux unités aéroportées pour se regrouper. Cependant, il n'avait pas imaginé qu'au soir du Jour J la confusion serait aussi importante. Cette situation profite aussi aux Alliés. En effet, les unités allemandes derrière *Utah Beach* se trouvent coincées entre les unités débarquées (7) et les troupes aéroportées américaines. La progression des renforts allemands dans le Cotentin est par conséquent ralentie par de multiples groupes de paras et de troupes arrivées par planeurs disséminées dans cette zone.

Derrière *Omaha Beach* en revanche, la résistance farouche des soldats allemands a cloué sur place les premières vagues d'assaut et causé des pertes énormes. Sur cette plage, le 6 au soir, les troupes américaines n'ont pu avancer sur le sol français que de deux kilomètres, et à quel prix : 2 374 hommes ont été tués ou blessés sur cette plage le Jour J.

(7) Ainsi le 6 au soir, 20 000 hommes et 1 700 véhicules ont pu débarquer sur *Utah* au prix de 72 tués et 46 blessés.

Tombe de Raymond W. Jungclas au cimetière américain de Colleville-sur-Mer. (Photo de l'auteur.)

Grave of Raymond W. Jungclas in the U.S. cemetery at Colleville-sur-Mer.

At 0129 hours on June 6, Lebenson took off from Ramsbury alongside General March, 82nd Divisional Artillery Commander and members of his staff. They came under flak as they arrived over the west coast of the Cotentin, but fortunately were not hit and approached LZ O. The C-47 pilot then switched on the green light and the glider cast off. Just as it was coming in to land, the F/O flying the Waco saw at the last moment that he was going to hit a house, and his evasive action could not prevent him hitting an adjacent barn. Although the glider was badly damaged, miraculously no-one was seriously hurt. Len Lebenson climbed out with no worse than a bruised eye. The other passengers raced for shelter in a hedge, where they found one of the division's paratroopers with a broken ankle. He had been there for an hour and had been unable to link up with the men in his unit. He told them how just before they arrived there had been an exchange of gunfire nearby on the road. After looking at the map, they realized that they had landed right in the middle of their LZ, west of Sainte-Mère-Eglise. As Lebenson had a different assignment from the rest of his party, he left them and set off to locate the CP. He decided against taking the road, cutting across the fields instead and using the thick hedgerows to move forward and take shelter from time to time. At regular intervals, he would spot a soldier, keeping his distance until he could ascertain that it was a fellow-countryman. At around 0700 hours, three hours after landing, Len Lebenson arrived at the CP where he linked up with Lieutenant-Colonel Zinn and the men of his unit. Unfortunately, the major had neither a vehicle nor a radio, nor yet an ordnance survey map, and so was unable to track down his troops apparently scattered over the area. At the CP, a group of glider pilots had already arrived and were comparing notes over what they had just been through. Throughout the morning, men came in to the Ferme de la Couture, either singly or in groups. But Jungclas was nowhere to be found. At around midday, German artillery fire became more intense in the distance, in the Sainte-Mère-Eglise area, and in the other direction, towards La Fière. Ridgway kept coming and going, giving orders and cursing the lack of *matériel*. Lebenson for his part was unable to carry out his normal duties and so joined the rest of the men in digging a trench in which to shelter in the event of enemy artillery fire, or as a defence against a ground attack. Suddenly the CP became for a brief but violent spell the target of German light arms and field guns. Several men were killed including Lt.-Col. Zinn, who was shot in the eye. On the morning of June 7, one of Ridgway's deputies came to Lebenson and told him to go and fetch the other of 82nd Airborne's generals, James Gavin, who had also jumped with the paratroops and had been located a couple of miles away. Lebenson, both impressed and honored at being assigned such a task, moved

Trois Horsas sont arrivés à destination. On note que l'équipage a désolidarisé la queue de l'appareil afin de sortir une jeep ou un canon. On remarque les parachutes permettant de ralentir les Horsas. Ils n'en furent pas tous équipés. (National Archives.)

Three Horsas have arrived at their destination. Note how the crew have pulled apart the tail section in order to remove a jeep or gun. We see the parachutes used to slow down some of the Horsas

gingerly forward through an area full of German snipers. Thanks to accurate information, he found the place an hour later and met his superior officer, Lt.-Col. Weinecke, who informed him that as a matter of fact Gavin was already on his way to the CP. The divisional surgeon, Colonel Lindstrom, was there too and they all set off. On the way, they caught up with Gavin and a few men, and they all got safely to Ridgway. For this assignment, Lebenson was awarded the Bronze Star. A few days later, he left again with a comrade from his unit, Private Harold P. Wilhelm, to find the glider he had arrived in. He failed to trace it, but took some snaps of Horsas that had crashed in a field not far from Sainte-Mère-Eglise with a Kodak camera he had smuggled over. Lebenson later learned that Jungclas, his comrade who had taken his place in the Waco, had been seriously wounded and quickly captured by the Germans, who had taken him to a hospital where he died a few days later.

To the south, 101st Airborne held LZ E and most of the planned strategic points. The paratroops of 82nd Airborne occupied the center of Sainte-Mère-Eglise, thus cutting off the Cherbourg-Carentan highway. On the other hand, LZ W, where the next glider mission was to land, was in German hands; the zone should have been secured by the paratroops of 505th PIR, 82nd Airborne, but no progress had been possible in the face of some stout German resistance. Still without his radio, Ridgway was unable to contact the headquarters of his superior officer, Lt.-Gen. J. Lawton Collins of VII Corps, on board *USS Bayfield*, to tell him that LZ W was still partly in enemy hands. So late in the afternoon on June 6, Missions Elmira and Keokuk were completely in the dark as to the situation in Normandy as they prepared to take off from England.

Since the start of operations, the units and gliders had failed to muster. Men from various units were mixed up together in sporadic fighting against an invisible enemy. Although the chiefs of staff knew that the airborne units needed time to link up, they had not imagined that such confusion would be reigning on the evening of D-Day. This situation was also of benefit to the Allies inasmuch as the German units behind Utah Beach were caught between the units that came ashore (7) and the U.S. airborne troops. The effect of numerous parties of paratroops and airlanding troops scattered across the sector was to slow down the progress of German reinforcements in the Cotentin peninsula.

Behind Omaha Beach, on the other hand, the fierce resistance put up by the Germans had pinned down the first assault waves, causing appalling losses. From that beach, by the evening of June 6, U.S. troops had advanced no more than a mile and a half into the territory of France, and at a heavy price at that: 2,374 men were killed or wounded on D-Day on Omaha Beach.

(7) Thus on the evening of June 6, 20,000 men and 1,700 vehicles had been brought ashore at Utah Beach, at a cost of 72 killed and 46 wounded.

Mission « KEOKUK » :

Cette mission doit emmener des hommes du *327th GIR* de la *101st* sur la LZ E afin de renforcer les paras de cette unité. Cette *Landing Zone* se trouve à l'ouest de Hiesville. Contrairement aux deux premières missions, les avions et planeurs doivent suivre un chemin différent pour arriver en Normandie. La mission « Keokuk », ainsi que les suivantes, vont arriver par la côte est du Cotentin en survolant *Utah Beach* avant de se poser sur leur LZ. Les planeurs n'ont donc plus à affronter la DCA côtière qui a été réduite au silence par la *4th Infantry-Division* dans la journée. Par ailleurs, des balises lumineuses fixées sur des croiseurs britanniques vont permettre de signaler les changements de direction : checkpoints « Spokane » et « Paducah ». Pour la première fois, les Alliés vont utiliser les planeurs pour une mission diurne.

« Keokuk » est la mission utilisant le plus petit nombre de planeurs. Seuls 32 Horsas du *434th TCG* s'envolent à 18 h 30 de l'aérodrome d'Aldermaston. En approchant de leur LZ près de Turqueville et Ecoquéneauville, ils sont pris à partie par des tirs allemands provenant du *795. Ost-Btl.* composé de Géorgiens combattant dans l'armée allemande et qui étaient stationnés dans cette zone.

Parmi les pilotes des planeurs arrivés sur la LZ E, le F/O Steve Odahowski, du *71st TCS*, connut avec son copilote F/O Bill Jew un Jour-J très particulier. Après avoir été la cible de tirs d'armes légères, il réussit à poser son Horsa (baptisé « Chicago Kid » du fait de ses origines) chargé d'une Jeep avec sa remorque, de munitions et de trois soldats. Deux d'entre-eux sont tués en sortant par l'arrière du planeur. Le dernier soldat, ainsi que Jew et Odahowski, sont capturés par les paras allemands du *6. Fallschirm-Jäger-Regiment* et

---

Ci-contre : Horsa disloqué dans un champ normand. (Ed. Short.)

Ci-dessous : Le F/O Edward Short devant le Horsa qu'il pilotera quelques jours plus tard pour la Normandie. (Ed. Short.)

Opposite : Broken Horsa in a Norman field.

Below : F/O Edward Short in front of the Horsa he was to fly to Normandy a few days later.

Mission KEOKUK

This mission was to take the men of 327th GIR, 101st Airborne to LZ E to reinforce the paratroops of that unit. This landing zone was to the west of Hiesville. Unlike the two earlier missions, the aircraft and gliders were to follow a different flight path to Normandy. Mission Keokuk and those that followed arrived via the east coast of the Cotentin, flying over Utah Beach before landing at their LZ. This meant that the gliders had no more coastal flak to face, it having been knocked out during the day by 4th Infantry Division. Also beacons were mounted on British cruisers to indicate changes of direction at Checkpoints Spokane and Paducah. For the first time, the Allies were about to use gliders on a daytime mission.

Keokuk was the smallest mission in terms of numbers of gliders. A mere 32 Horsas of 434th TCG took off at 1830 hours from the airfield at Aldermaston. As they approached their LZ near Turqueville and Ecoquéneauville, they drew fire from *795. Ost-Btl.* made up of Georgians fighting in the German army and who were stationed in that sector.

Among the glider pilots arriving at LZ E, F/O Steve Odahowski, of 71st TCS, had a rather unusual D-Day with his co-pilot, F/O Bill Jew. After coming under fire from light guns, he managed to land his Horsa, nicknamed Chicago Kid (which is what he was), loaded with a jeep and cargo trailer, ammunition and three men. Two of the men were killed as they stepped out of the back of the glider. The third, along with Jew and Odahowski, was captured by German paratroops of *6. Fallschirm-Jäger-Regiment* and they were taken to the German command post for interrogation. There they met about fifteen U.S. paratroops, who had also been taken prisoner. On the evening of June 7, they were transferred to Saint-Lô by truck. The German soldier driving the truck asked them in impeccable English, "How are the Cubs doing ?". He had had an American girl-friend

Pilote de planeurs attendant l'évacuation. (Ed. Short.)

Glider pilots awaiting evacuation.

ne recevant que de l'eau et du pain noir comme nourriture. Conformément à la convention de Genève de 1929, il ne décline que son nom, grade et numéro matricule. Dans ce centre, les Allemands ne procèdent apparemment pas à des interrogatoires utilisant la torture mais essaient de faire craquer nerveusement les soldats en les isolant et en les menaçant afin qu'ils livrent des informations importantes (8). Affaibli, Steve Odahowski ne craque pourtant pas et est finalement envoyé au *Stalag Luft 3* près de Sagan, en Silésie, près de la frontière germano-polonaise. Quelques mois plus tard, du fait de l'avancée russe, ils seront déplacés jusqu'au *Stalag VII A* près de Moosburg où ils seront libérés le 19 avril 1945 par la *3rd U.S. Army* du Général Patton.

Sur la *Landing Zone*, les autres pilotes de planeurs réussissent pour la plupart à se regrouper et se mettent à la recherche du poste de commandement de la *101st* du général Maxwell D. Taylor, installé dans la ferme Lecaudey à Hiesville, où ils doivent se regrouper conformément aux ordres reçus avant de quitter l'Angleterre. Aux abords du PC est installé l'hôpital de campagne de la division où sont rassemblés les soldats aéroportés blessés ainsi que les cadavres. Le F/O Eddie Anderson qui a posé son Horsa sans incident rejoint le PC avec d'autres pilotes de planeurs. Le 7 juin, horrifié de voir les corps de ses camarades s'entasser, il propose au *Major* James Lynch de la *101st* d'organiser leur enterrement. Le champ se trouvant de l'autre côté de la route est choisi. Anderson et huit autres pilotes de planeur emmènent vingt prisonniers allemands afin que ces derniers creusent les tombes. Les corps des soldats sont enroulés dans des parachutes et sont mis en terre. L'aumônier militaire étant occupé à rassurer les blessés ou à donner l'extrême onction ne peut pas les rejoindre. C'est Eddie Anderson qui est chargé de dire quelques mots

conduits à leur poste de commandement afin d'y être interrogés. Ils y rencontrent une quinzaine de paras américains, prisonniers eux aussi. Le 7 juin au soir, ils sont déplacés en camion pour Saint-Lô. Le soldat allemand conduisant le camion demande dans un anglais impeccable : « *How are the Cubs doing ?* » (« où en sont les Cubs ? »). Il avait eu une fiancée américaine à Milwaukee et avait voyagé plusieurs fois aux Etats-Unis. La discussion s'engage entre ces deux soldats, théoriquement ennemis, et qui évoquent ensemble les résultats du club de Base-Ball de Chicago. Après quelques jours à Saint-Lô, les prisonniers sont déplacés à Alençon puis Chartres et enfin Paris où ils prennent un train à destination de Frankfurt-am-Main via Metz. Là-bas, ils sont conduits au *Dulag Luft (Durchgangslager der Luftwaffe)*, centre destiné aux interrogatoires des pilotes ennemis. Les Américains y sont enfermés dans des petites cellules individuelles sombres, les plus luxueuses étant uniquement équipées d'un lit en fer, d'une table et d'une chaise. Le F/O Steve Odahowski y est interrogé pendant dix-huit jours,

(8) Le *1st Lieutenant* Darlyle Watters qui fut plus tard capturé lors de l'opération « Market Garden » se souvient que pendant son séjour au *Dulag Luft*, l'officier allemand chargé de l'interroger lui donnait des informations extrêmement précises sur les derniers changements d'officiers au sein des TCS, sur les accidents survenus à l'entraînement, afin de le convaincre de donner d'autres renseignements.

Le *Technical Sergeant* Danda de la 82nd Airborne devant un Horsa en Normandie. On aperçoit l'inscription « Yankee Clipper ». (Edward Danda.)

Technical Sergeant Danda of 82nd Airborne in front of a Horsa in Normandy. We can see the inscription "Yankee Clipper".

Le F/O Eddie Anderson. (Gérard Devlin.)

F/O Eddie Anderson.

---

concernant le sacrifice de ces hommes. Soudain, il se rappelle qu'il a toujours sur lui le Psaume 23 de la Bible et commence la lecture. S'ensuit une scène surréaliste où les Américains font cette prière en même temps que les soldats allemands qui l'ont reconnue et qui la récitent dans leur langue. A la fin de la lecture, Eddie Anderson donne l'ordre de reboucher les tombes.

Lors de la mission « Keokuk », une grande majorité de planeurs se sont posés dans la LZ E. Toutefois, 14 morts, 30 blessés sont à déplorer parmi les troupes transportées. 10 soldats et pilotes ont été capturés.

at Milwaukee and had made a number of trips to the U.S. This started a conversation between the two soldiers, who were theoretically enemies and who were chatting away like this about how the Chicago baseball team was getting on. After a few days in Saint-Lô, the prisoners were moved on to Alençon, then Chartres, and finally to Paris, when they boarded a train to Frankfurt-am-Main via Metz. From there, they were taken to the *Dulag Luft (Durchgangslager der Luftwaffe)*, a center where enemy pilots were interrogated. The Americans were locked up in small, dark individual cells, with the most luxurious furnished with an iron bed and a table and chair. F/O Steve Odahowski was put on bread and water and interrogated for eighteen days. In accordance with the Geneva Convention of 1929, he merely gave his name, rank and number. At the center, the Germans apparently did not use torture during their interrogations, but they did try to break the men nervously by isolating them and threatening them, to make them betray important information (8). Although weakened, Steve Odahowski did not talk and was finally sent to *Stalag Luft 3* near Sagan, in Silesia, close to the German border with Poland. A few months later, as the Russians advanced, they were moved on to *Stalag VII A* near Moosburg, where they were liberated on April 19, 1945 by General Patton's U.S. Third Army.

In the landing zone, the other glider pilots mostly contrived to link up and set off to find the command post of 101st Airborne's General Maxwell D. Taylor, located at Lecaudey Farm at Hiesville, where they were to muster following orders received in England. The divisional field hospital was set up not far from the command post, and the dead and wounded among the airborne troops were brought there. Having made a clean landing in his Horsa, F/O Eddie Anderson joined the CP along with his fellow glider pilots. On June 7, horrified at seeing the bodies of his comrades piling up, he suggested to Major James Lynch of 101st Airborne that something should be done about burying them. The field on the other side of the road was chosen for the purpose. Anderson and eight other glider pilots took along twenty German prisoners to dig graves for them. The soldiers' bodies were wrapped in parachutes and buried. The military chaplain was busy reassuring the wounded or administering extreme unction and so was unable to join them and Eddie Anderson was appointed to say a few words about the sacrifice these men had made. Suddenly, he remembered that always carried with him the Bible's 23rd Psalm, and so he began reading that. This led to a surreal scene with the Americans saying the prayer along with the German soldiers who had recognized it and recited it in their own language. When they had all finished, Eddie Anderson gave the order to fill in the graves.

During Mission Keokuk, the vast majority of the gliders landed in LZ E. All the same, the airlanding troops lost 14 killed and 30 wounded. 10 men and pilots were taken prisoner.

(8) 1st Lt. Darlyle Watters, later captured during Operation Market Garden, remembers how during his stay at Dulag Luft, the German officer interrogating him gave him some very accurate information regarding the latest changes of officers in the TCSs and accidents during training, to persuade him to pass on more intelligence.

Horsa « crashé » près de Sainte-Marie-du-Mont. On aperçoit au loin le clocher de l'église. Huit soldats de l'état-major de la *82nd Airborne* trouvèrent la mort dans l'atterrissage de ce planeur le 6 juin au soir. (National Archives/Bando.)

Crashed Horsa near Sainte-Marie-du-Mont. We can see the church spire in the distance. Eight troops of 82nd Airborne general staff were killed when this glider landed during the evening of June 6.

1. Planeur Horsa ayant effectué sans dommages son atterrissage. (Coll. de l'auteur.)

2. Photo d'un Horsa ayant connu des difficultés à l'atterrissage. Probablement piloté par un pilote originaire du Texas du fait de la mention « Texas Kid » : enfant du Texas. (Henri-Jean Renaud.)

3. Horsa en Normandie. On a désolidarisé la queue du planeur afin d'extraire une jeep. (National Archives.)

4. Planeur Horsa ayant traversé une haie sur la LZE près de Hiesville. (US Army.)

1. Horsa glider after a safe landing.

2. Photo of a Horsa after an awkward landing. Probably flown by a Texan pilot judging by the « Texas Kid « inscription.

3. Horsa in Normandy. The tail of the glider has been removed to extract a jeep.

4. This Horsa glider has gone through a hedge on LZ E near Hiesville.

Mission « ELMIRA » :

L'autre mission du 6 juin au soir a pour objectif de renforcer la *82nd Airborne*. De toutes les missions de planeurs de l'opération « Neptune », « Elmira » va être la plus importante en terme d'appareils utilisés et de troupes transportées. Celle-ci est divisée en deux vagues : la première est composée de 76 planeurs qui doivent se poser sur la LZ W, dix minutes après « Keokuk ». Elle doit emmener 428 hommes, 64 Jeeps, 13 canons anti-chars et 24 tonnes de matériels divers (munitions, matériel médical, etc.).

Le premier groupe de la première vague est constitué de 18 Horsas et 8 Wacos du *437th TCG* qui décollent à 18 h 48 de Ramsbury. Cette unité transporte l'état-major ainsi que la batterie C du *80th Anti-Aircraft Bn*. Ils emmènent aussi d'autres éléments de l'état-major, des transmissions et de l'*Airborne Artillery* de la *82nd*.

Le deuxième groupe, 36 Horsas et 14 Wacos du *438th TCG*, décollent à 19 h 07 de Greenham-Common. A bord, des éléments de la *307th Airborne Medical Company*, d'autres éléments de l'état-major, des transmissions et du peloton de reconnaissance de la *82nd*.

A 19 h 21, tous les appareils de la première vague d'« Elmira » sont dans les airs.

La seconde vague de la mission est elle aussi divisée en deux groupes : le premier comporte 48 Horsas et 2 Wacos du *436th TCG* et décolle de Membury emmenant 418 hommes et du matériel du 319th Glider Field Artillery Bn, du *320th Glider Field Artillery Bn.*, ainsi que des éléments de la *307th Airborne Medical Company*, des soldats de la compagnie A du *307th Airborne Engineer Bn* et des éléments de l'*Airborne Artillery* de la *82nd Airborne*.

Le deuxième groupe comporte 38 Horsas et 12 Wacos du *435th TCG*. Il décolle de Welford en emmenant 319 hommes du *320th Glider Field Artillery Bn* de la *82nd*.

N'ayant pu être prévenus, de nombreux planeurs se posent au nord de la LZ W aux mains des Allemands. Tôt le matin, deux bataillons du *8th US Inf.Rgt.* arrivant d'*Utah-Beach* avaient essayé de dégager cette zone mais avaient été stoppés nets. Sans la protection de la pénombre, et ne pouvant plus profiter de l'effet de surprise, le premier groupe d'« Elmira » reçoit un feu nourri en arrivant sur la LZ W.

Le *1st Lieutenant* Darlyle M. Watters faisait partie du premier groupe de la 2ᵉ vague. Il était entré très tôt dans le programme de planeurs et avait reçu ses « Glider wings » en octobre 1942 à Stuttgart dans l'Arkansas. A cette époque, les élèves étaient diplômés sans s'être familiarisé avec le CG4-A pas encore disponible. Il devint instructeur au *38th TCS*, d'abord à Camp Mackall avant que ne soit ouverte la Laurinburg Maxton Army Air Base. Là-bas, il côtoie le *Lieutenant-Colonel* Mike Murphy avec lequel il participera à la démonstration du 4 août 1943. En tant que *Squadron Glider Officer* du *81st TCS* du *436th TCG*, le *1st Lt.* Darl Watters partit pour l'Angleterre le 28 janvier 1944 à bord du

Ci-contre : Un *Flight Officer* du *435th TCG* quelques heures avant le décollage. Il porte déjà son gilet de sauvetage et tient son fusil Garand semi-automatique à l'épaule. (Silent Wings Museum.)

Ci-dessous : Darlyle Watters, pilote de planeur du *436th TCG*, *81st TCS*. (Darlyle Watters.)

Opposite : *A Flight Officer of 435th TCG a few hours before taking off. He is already wearing his life jacket and shouldering his Garand semi-automatic rifle.*

Below : *Darlyle Watters, glider pilot of 436th TCG, 81st TCS.*

Exemple de peinture sur un Waco. Les pilotes de planeur s'amusaient souvent à décorer leur planeur.

Example of painting on a Waco. The glider pilots often liked to decorate their glider.

Queen Mary et fut basé à Ramsbury. Lui et son co-pilote, le F/O Herbert J. Christie, devaient emmener onze soldats du *319th Glider Field Artillery Bn* ainsi qu'une Jeep et une remorque. Il inscrivit à la peinture sur son Horsa « Jeanie I » du nom de son épouse (9).

Ils s'envolent de Ramsbury vers 20 h 40 à destination de la Normandie. Le survol de la Manche se déroule sans incident et ils arrivent au-dessus de leur LZ à 23 h 00. Darl Watters aperçoit un champ de taille suffisante pour poser son Horsa et décide de se détacher. Alors qu'il avait la main sur la manette *(tow-release)*, ils sont pris pour cible par des tirs venant d'une des extrémités du champ. Il attend quelques dizaines de secondes supplémentaires et se détache enfin.

Alors qu'il effectue son dernier virage avant de se poser, un autre planeur coupe sa trajectoire, l'obligeant à changer de cap et à choisir un champ contigu. Malheureusement, celui-ci est bordé d'arbres et présente une asperge de Rommel en son centre. Il ne peut faire autrement que de heurter ce pieu avec son aile droite mais peut poser « Jeanie I » sans dommage.

Les soldats du *319th Glider Field Artillery Bn* partent en Jeep vers leurs objectifs et Darl Watters et son copilote passent la nuit auprès de leur planeur en attendant de se regrouper avec d'autres pilotes. Le lendemain, ils partent à destination du poste de commandement de la *82nd Airborne*. Là-bas, ils reçoivent l'ordre d'organiser des patrouilles afin de déloger les snipers allemands encore très présents dans la zone. Darl Watters prend le commandement d'un groupe d'une dizaine d'hommes de son escadron.

Ils combattent ponctuellement contre des petits groupes de soldats allemands isolés au milieu des lignes américaines et contre les snipers cachés dans les fermes qui constituent une réelle menace. Au fur et à mesure que les Américains contrôlent le secteur, Darl Watters laisse repartir des soldats de son groupe vers *Utah-Beach*. Herbert Christie et lui ne rejoignent la plage que le 11 juin afin d'être ramenés en Angleterre.

(9) Pour « Market Garden », son Waco portera la mention « Jeanie II ».

Mission ELMIRA

The objective of the other mission on D-Day evening was to reinforce 82nd Airborne. Of all the glider missions of Operation Neptune, Elmira was the biggest in terms of numbers of aircraft and of men carried. It took place in two echelons ; the first echelon involved 76 gliders scheduled to land on LZ W ten minutes after Keokuk. It was to take 428 men, 64 jeeps, 13 anti-tank guns and 24 tons of miscellaneous equipment (ammunition, medical supplies, etc.).

The leading serial of the first echelon comprised 18 Horsas and 8 Wacos of 437th TCG; they took off from Ramsbury at 1848 hours. This unit carried 82nd Airborne's chiefs of staff, signalling and Airborne Artillery.

The second serial of 36 Horsas and 14 Wacos of 438th TCG took off from Greenham Common at 1907 hours, carrying elements of 307th Airborne Medical Company, other members of 82nd Airborne's general staff, signalling and a Reconnaissance Platoon.

By 1921 hours, all aircraft in Elmira's first echelon were in the air.

The mission's second echelon was likewise split into two serials; the first comprised 48 Horsas and 2 Wacos of 436th TCG ; they took off from Membury with 418 men and equipment for 319th Glider Field Artillery Bn, 320th Glider Field Artillery Bn, and elements of 307th Airborne Medical Company, men of A Company, 307th Airborne Engineer Bn and elements of 82nd Airborne's Airborne Artillery.

The second serial of 38 Horsas and 12 Wacos of 435th TCG took off from Welford, carrying 319 men of 82nd Airborne's 320th Glider Field Artillery Bn.

With no warning getting through, many gliders landed to the north of LZ W straight into the Germans' hands. Early in the morning, two battalions of 8th US Inf. Rgt. arriving from Utah Beach had attempted to clear the area but had been stopped in their tracks. The first Elmira serial no longer had the cover of half-light or the benefit of surprise, and so sustained heavy fire as it arrived over LZ W.

1st Lieutenant Darlyle M. Watters was in that first serial of the second echelon. He had joined the glider program very early on, and had received his glider wings in October 1942 in Stuttgart (Arkansas). At the time, students received their diplomas without getting to know the CG4-A, which was not yet available. He became an instructor for 38th TCS, first at Camp Mackall, and later at Laurinburg Maxton Army Air Base when it opened. There, he came in contact with Lt.-Col. Mike Murphy, with whom he took part in the demonstration of August 4, 1943. As Squadron Glider Officer for 81st TCS, 436th TCG, 1st Lt. Darl Watters left for England on board the *Queen Mary* on January 28, 1944, and was based at Ramsbury. He and his co-pilot, F/O Herbert J. Christie, were to carry eleven men of 319th Glider Field Artillery Bn together with a jeep and cargo trailer. He painted his wife's name «Jeanie I» on his Horsa (9).

They took off for Normandy from Ramsbury at approximately 2040 hours, had an incident-free Channel crossing, and arrived over their LZ at 2300 hours. Darl Watters spotted a field big enough to land his Horsa and decided to cast off. He had his hand on the tow release when they became the target of gunfire from one end of the field, so he waited for another half a minute or so before finally cutting loose.

As he was making his final turn before coming in to land, another glider cut across his path, forcing him to change direction and come down in the next field. Unfortunately it was lined with trees and had one of Rommel's asparagus in the middle. He had no alternative but to glance this stake with his right wing, but apart from that, "Jeanie I" had a safe landing.

The men of 319th Glider Field Artillery Bn left by jeep for their objectives and Darl Watters and his co-pilot stayed overnight by their glider prior to linking up with other glider pilots. The next day, they headed off for 82nd Airborne's command post, where they were ordered to organize patrols to remove German snipers, still very active in the area. Darl Watters took command of a party of about a dozen men from his squadron.

They were involved in sporadic fighting with isolated serials of German soldiers amid the American lines and against snipers hiding in farms who were a real menace. As the Americans gradually took control of the sector, Darl Watters let his men make their way back to Utah Beach. Herbert Christie and himself did not get to the beach until June 11, to be taken back to England.

(9) For Market Garden, his Waco was marked "Jeanie II".

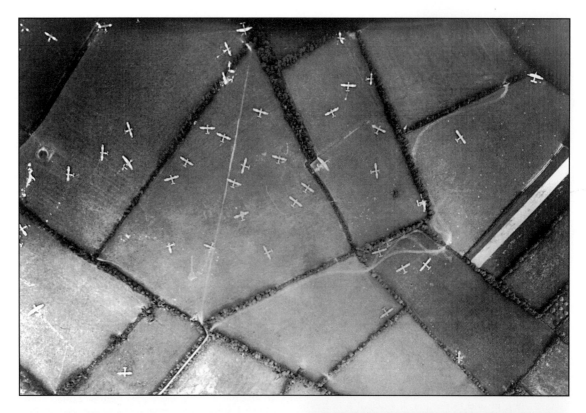

Ci-dessus : Vue aérienne permettant de constater la difficulté pour les pilotes à trouver une zone d'atterrissage au milieu des autres planeurs. (National Archives.)

Ci-dessous : Photo aérienne permettant de situer la zone d'atterrissage des planeurs par rapport à la Nationale 13 reliant Caen à Cherbourg. (Collection de l'auteur.)

Above : Aerial view showing how hard it was for pilots to find a landing zone amidst the other gliders.

Below : Aerial photograph for locating the glider landing zone in relation to Highway 13 from Caen to Cherbourg.

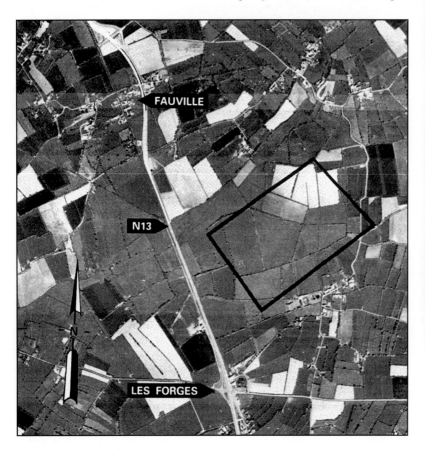

Début 1945, Howard Parks est venu survoler en Piper le lieu de son atterrissage. On aperçoit des tranchées creusées par les Allemands. (Howard Parks/H.J. Renaud.)

Early in 1945, Howard Parks flies over his landing zone in a Piper. Note the trenches dug by the Germans.

Le *1st Lieutenant* Parks était le *Glider Operations Officer* du *78th TCS* du *435th TCG* et prit part à la deuxième groupe de la deuxième vague. Aux côtés de son copilote le F/O Marcus Noble, il s'envole de Welford à 20 h 42 aux commandes d'un Horsa sur lequel était peint le nom « Maja », contraction des deux premières lettres des prénoms de sa femme Mary et de son fils James. Son appareil transportait 7 soldats du *320th Glider Field Artillery Bn* ainsi qu'une Jeep et sa remorque, une radio, des munitions et de l'équipement divers. Après un vol calme au-dessus de la Manche, ils approchent de leur objectif mais sont pris pour cibles par des tirs de balles traçantes, ce qui les oblige à se détourner de leur LZ. Ils se posent à 23 h 05 dans un champ se situant à l'entrée sud de Sainte-Mère-Eglise. A quelques dizaines de mètres, une longue tranchée creusée par les Allemands est aux mains de paras américains qui ouvrent le feu afin de protéger l'équipage de « Maja » qui rampe jusqu'à eux. Soulagés d'avoir pu se regrouper aussi vite avec d'autres soldats, ils passent la nuit dans cette tranchée, se méfiant de tout mouvement aux alentours sans pour autant savoir s'il s'agit d'Allemands ou de paras américains perdus. Le 7 juin au matin, Howard Parks accompagné par un autre pilote se met en route vers le PC de la *82nd* conformément aux ordres reçus avant le départ. La zone est encore sous contrôle ennemi et ils avancent prudemment. Ils passent la nuit du 7 au 8 juin dans un fossé et ne se présentent au lieu dit « Ferme de la Couture » que le 8 au matin. Là-bas, ils rendent compte de leur arrivée à un *Major* de la *82nd Airborne*. A sa grande surprise, Howard Parks connaît cet officier, Buddy Mc Collum, car il était entraîneur de l'équipe de football américain de sa ville natale. Mc Collum lui donne comme consigne de garder des prisonniers allemands rassemblés derrière la ferme. Le vendredi 9 juin, il en escorte 300 à pied jusqu'à *Utah Beach*.

Vers 9 h 30, après s'être regroupés, les soldats du *320th Glider Field Artillery Bn* ouvrent le feu sur les troupes ennemies regroupées autour de Sainte-Mère-Eglise. A l'est du village, c'est le *319th Glider Field Artillery Bn* qui pilonne les Allemands avec ses six pièces de 75 mm afin d'appuyer la progression des paras du *505th PIR* de la *82nd Airborne*.

De son côté, la *307th Airborne Medical Company* a beaucoup de mal à récupérer son matériel car beaucoup de planeurs ont atterri dans les zones inondées aux abords du Merderet. Cela oblige les soldats de cette unité à utiliser des canots pneumatiques pour accéder aux planeurs. Plus tard dans la journée, ils installent un poste de secours à un carrefour au nord de Blosville.

Le bilan de cette mission fut mitigé. Beaucoup de planeurs furent touchés par les tirs ennemis ou capturés dès leur atterrissage : 10 pilotes furent tués et 29 artilleurs blessés, 7 furent capturés. Parmi les passagers, 28 furent tués et 107 blessés. 56 planeurs furent détruits.

1st Lieutenant Parks was Glider Operations Officer with 78th TCS, 435th TCG, and flew with the second serial of the second echelon. Alongside his co-pilot F/O Marcus Noble, he took off from Welford at 2042 hours, flying a Horsa on which he had painted the name "Maja", a contraction of the names of his wife Mary and his son James. His glider carried 7 men of 320th Glider Field Artillery Bn together with a jeep and trailer, a radio set, ammunition and various other equipment. After a quiet flight over the Channel, they came into a stream of tracer as they headed for their target, and were forced away from their LZ. They landed at 2305 hours in a field at the southern entrance to Sainte-Mère-Eglise. A few dozen yards away, there was a long trench dug by the Germans in the hands of U.S. paratroops who opened fire to cover the "Maja" crew as they crawled over to join them. Relieved at having linked up with more soldiers so quickly, they spent the night in the trench, wary of any movements close by although unsure whether they were caused by Germans or by American paratroops who had lost their way. On the morning of June 7, following orders received before leaving, Howard Parks and another pilot set off for 82nd Airborne's CP. The zone was still controlled by the enemy, and they made their way cautiously. They spent the night of June 7 to 8 in a ditch and only reported at the «Ferme de la Couture» on the morning of the 8th. There, they gave an account of their arrival to an 82nd Airborne major. To his great surprise, Howard Parks knew that officer, Buddy McCollum, who had been trainer of the American football team in his home town. McCollum gave him instructions to guard some German prisoners gathered behind the farm. On Friday June 9, he escorted 300 of them on foot to Utah Beach.

At approximately 0930 hours, after linking up, the men of 320th Glider Field Artillery Bn opened fire on enemy troops gathered around Sainte-Mère-Eglise. Meanwhile, to the east of the village, 319th Glider Field Artillery Bn was giving the Germans a pounding with its six 75 mm guns in support of the advancing paratroops of 505th PIR, 82nd Airborne.

307th Airborne Medical Company, for its part, had a great deal of trouble recovering its equipment, many of the gliders having landed in the inundated areas along the Merderet River. The men of that unit were obliged to use pneumatic dinghies to get to their gliders. Later that day, they set up a first aid post at a crossroads north of Blosville.

This mission achieved mixed results. Many gliders were hit by enemy fire or captured immediately upon landing ; 10 pilots were killed and 29 artillery men wounded, 7 were taken prisoner. Among the passengers, 28 were killed, and 107 wounded. 56 gliders were destroyed.

Photo de Sainte-Mère-Eglise prise le 8 juin 1944. On note au centre de la photo, le Horsa de Howard Parks. En haut à gauche, un C-47 « crashé ». (National Archives.)
Photograph of Sainte-Mère-Eglise taken on June 8, 1944. Note Howard Parks' Horsa in the center of the photograph. In the top left, a crashed C-47.

Mission « ELMIRA » : l'embarquement des troupes

1. Un groupe de pilotes de planeurs posent pour la photo avant de partir en mission. (Silent Wings Museum.)

2. Soldats de la *82nd Airborne* attendant l'ordre de prendre place dans leur planeur. On remarque des gobelets de crèmes glacées distribués avant le départ. (National Archives.)

3. Soldats de la *82nd Airborne* en marche vers les planeurs. (National Archives.)

4. Soldats de la *82nd Airborne* attendant le départ dans leur Horsa. (National Archives.)

5. Prochain arrêt : la Normandie. (National Archives.)

Mission "ELMIRA" : the troops embark

1. A group of glider pilots posing for the photographer before leaving on a mission.

2. Men of 82nd Airborne awaiting orders to get into their glider. Note the ice cream tubs handed out before leaving.

3. Men of 82nd Airborne walking towards the gliders.

4. Men of 82nd Airborne waiting to take off in their Horsa.

5. Next stop Normandy.

Obejctif Normandie

1. Horsa et C-47 prêts à décoller. Ces planeurs du *435th TCG* vont être tirés par des C-47 marqués CK, marquage du *75th TCS* du *435th TCG*. Cet escadron avait la particularité d'être identifié par deux marquages différents : CK et SH. (Silent Wings Museum.)

2. Greenham-Common le 6 juin à 18 h 50, les C-47 et planeurs du *438th TCG* prennent leur envol. Objectif : la LZ W. (National Archives.)

3. 6 juin en fin d'après-midi, les Wacos de la mission « Elmira » se dirigent vers la Normandie pour renforcer les unités déjà débarquées. (Silent Wings Museum.)

4. C-47 du *438th TCG*, *88th TCS* tirant un Horsa. Ils s'envolent de Greenham-Common. (National Archives.)

Objective Normandy

1. *Horsa and C-47 ready for take-off. These gliders of 435th TCG are to be towed by C-47s marked CK, the marking of 75th TCS, 435th TCG. This squadron unusually had two different identifying marks: CK and SH.*

2. *Greenham Common at 1850 hours on June 6, the C-47 and gliders of 438th TCG take off. Objective : LZ W.*

3. *Late afternoon on June 6, the Wacos of Mission Elmira head towards Normandy to reinforce units that have already come ashore.*

4. *C-47 of 438th TCG, 88th TCS towing a Horsa. They are taking off from Greenham Common.*

Ci-dessus : Des C-47 du *88th TCS, 438th TCG*, remorquent des Wacos au-dessus des Dunes de Varreville le 6 juin au soir. On aperçoit au sol le point de résistance allemand Wn 10 conquis dans la journée par les troupes de la *4th Infantry Division*. (National Archives.)

Ci-contre : Arrivant au-dessus de la LZ W, les planeurs se détachent et cherchent leur trajectoire d'atterrissage. (National Archives.)

Above : *C-47s of 88th TCS, 438th TCG, towing Wacos over the Dunes of Varreville on the evening of June 6. We can see on the ground the German strongpoint W10 captured during the day by the troops of 4th Infantry Division.*

Opposite : *Arriving over LZ W, the gliders cut loose and look for their landing path.*

1. Atterrissage effroyable d'un Horsa. On comprend pourquoi certains pilotes de planeurs surnommaient leurs appareils des « cercueils volants » *(Flying Coffins).* (National Archives.)

2. Epave de Horsa en Normandie. Le fuselage a été littéralement coupé en deux dans le sens de la hauteur. (Silent Wings Museum.)

1. A Horsa after a dreadful landing. One understands why some glider pilots called their machines flying coffins.

2. Wreckage of a Horsa in Normandy. The fuselage has been literally sliced in two.

3. Epave d'un Waco ayant heurté les « asperges » de Rommel. Photo prise le 6 juin 44 près de Sainte-Mère-Eglise. (National Archives.)

4. Planeur Horsa « Jeanie I » (inscriptions sur le côté gauche du planeur) piloté par Darlyle Watters. Noter la qualité de l'atterrissage. Photo prise le 7 ou 8 juin par le F/O Robinson. (Collection de l'auteur.)

5. Un planeur en feu peu de temps après l'atterrissage. (Silent Wings Museum.)

3. Wreckage of a Waco that has run into Rommel's aspa-ragus. Photo taken on June 6, 44 near Sainte-Mère-Eglise.

4. Horsa glider « Jeanie I « (inscriptions on the left side of the glider) flown by Darlyle Watters. Note the quality of the landing. Photograph taken on June 7 or 8 by F/O Robinson.

5. A glider on fire shortly after landing.

Mission « GALVESTON » :

Le 7 juin, d'autres missions de planeurs sont organisées afin d'amener le *325th GIR* de la *82nd Airborne* et le *401st GIR* en renfort. La première mission, nom de code « Galveston », est composée de deux groupes devant atterrir sur la LZ W. Cependant, ayant enfin été informé de la résistance rencontrée sur cette LZ, le quartier général du *53rd TCW* a ordonné aux pilotes de C-47 de diriger les planeurs sur la LZ E à l'ouest de Saint-Marie-du-Mont. Cela devait éviter aussi les tirs de DCA des canons allemands situés au nord de Sainte-Mère-Eglise.

Le premier groupe comporte 32 Wacos et 18 Horsas du *437th TCG* et décolle de Ramsbury. Il transporte 717 soldats du 1er bataillon de la *325th GIR*, ainsi que d'autres soldats de la compagnie A du *307th Airborne Engineer Bn*. De plus, il transporte de Jeeps, des canons et du matériel.

Le deuxième groupe se compose de 50 Wacos du *434th TCG*, au départ d'Aldermaston. Cette mission doit emmener 251 soldats de l'état-major du *325th GIR*, le reste de la compagnie A du *307th Airborne Engineer Bn*, ainsi que des hommes de l'*Airborne Reconnaissance Platoon* et de l'*Airborne Division Artillery*. A cela s'ajoutent 41 Jeeps (dont l'une des Jeeps de commandement du *508th PIR*), 20 pièces d'artillerie et 26 tonnes de matériels divers.

Photo prise en janvier 1944 du F/O Robert C. Casey et de sa mère française Lucienne Didier. (Robert C. Casey.)
Photo of F/O Robert C. Casey and his French mother, Lucienne Didier, taken in January 1944.

Parmi tous les pilotes prenant part à cette mission, l'un d'entre eux, le F/O Robert C. Casey, est particulièrement pressé d'arriver en France. Son père y a combattu pendant la Première Guerre mondiale et a épousé une jeune Française, Lucienne Didier, qui travaillait dans un hôpital à Tours. De cette union était né Robert qui considérait la France comme sa deuxième patrie. Passionné par les souvenirs que son père lui racontait à propos des combats aériens, il voulait devenir pilote de chasse mais les délais d'attente étaient trop longs et on lui proposa une nouvelle spécialité qu'il pourrait intégrer rapidement, le *Glider Training Program*.

Il suivit le *Primary Training* à Antigo au Wisconsin, puis le *Basic Training* à 29 Palms, Californie, et reçut enfin ses « Glider Wings » à la fin de l'*Advanced Glider Training* en avril 1943 à Victorville, Californie. Il fut affecté au *82nd TCS* du *436th TCG*. Son unité traversa l'Atlantique sur le *Queen Mary* et arriva à Greenock en Ecosse le 30 janvier 1944 puis rejoignit Membury en Angleterre. Pendant quatre mois, il a participé aux divers entraînements destinés à parfaire leurs techniques de pilotage. Le 30 mai 1944, Robert C. Casey a été détaché au *85th TCS* du *437th TCG* à Ramsbury. En effet, juste avant les missions de combat, le commandement déplaçait parfois en effet les pilotes d'une unité vers une autre en fonction des besoins.

Le 5 juin à la tombée de la nuit, les planeurs et les C-47 sont alignés sur la piste. Casey et son copilote, le *2nd Lieutenant* Gordon Chamberlain, contrôlent leur appareil et ont besoin d'un coup de main. Ils aperçoivent au loin un para de dos et l'appellent. Celui-ci ne venant pas, Casey court vers lui afin de lui demander son aide. Il arrive au niveau du para et quand celui-ci se retourne, Casey voit une étoile sur son casque désignant le grade de général. « *Excuse me sir !* » bafouille-t-il et il retourne à son Horsa. Il apprendra plus tard que c'était le général James Gavin, commandant de la *82nd Airborne Division*, qui inspectait les appareils chargés de transporter le *325th GIR*.

Le mardi 6 juin 1944, Casey assista au retour des C-47 qui venaient de participer à la première vague d'assaut sur la Normandie. Aucun ne manquait à l'appel même si certains d'entre eux étaient très endommagés. Le lendemain matin 7 juin, c'est à présent leur tour. Chamberlain et Casey tirent à pile ou face pour savoir qui sera pilote. Ce sera Chamberlain. Le groupe dont il fait partie doit quitter Ramsbury à 4 h 37 du matin. Leur Horsa transporte 29 hommes du *325th GIR* dont Dave Stokely, commandant de la *C Company*, ainsi que des munitions. L'appareil accuse une surcharge de 300 kg, ce qui devient évident lorsque les pilotes se rendent compte qu'au moment du décollage, le C-47 les remorquant quitte le sol avant leur planeur. Il s'élève enfin dans les airs quelques mètres seulement avant le bout de la piste. Un autre Horsa surchargé n'arrive pas du tout à décoller. Le vol se déroule sans problème, excepté pour un des Horsas qui se détache au-dessus de Portland et atterrit sans dommage dans un champ.

Au-dessus d'*Utah Beach*, ils aperçoivent les centaines de bateaux et de barges ayant servi au débarquement.

Les C-47 volent bas afin d'éviter les tirs de DCA mais certains sont néanmoins pris pour cible par les

Ci-dessus : Ce planeur est celui du F/O Ralph G. Smith (pilote) et du F/O Harald L. Boggs. Ils se poseront en Normandie le 7 juin. On assiste au chargement d'une Jeep par des soldats de la *82nd Airborne*.

Ci-dessous : Cales permettant de maintenir le canon dans le Waco. (National Archives.)

Above : *This is the glider of F/O Ralph G. Smith (pilot) and F/O Harald L. Boggs, who landed in Normandy on June 7. We see a Jeep being loaded by men of 82nd Airborne.*

Below : *Chocks to hold a gun in place in the Waco.*

Mission GALVESTON

On June 7, further glider missions were arranged to bring in 325th GIR, 82nd Airborne, and 401st GIR as reinforcements. The first mission, code-named Galveston, comprised two serials to land at LZ W. However, upon learning of the resistance encountered at that LZ, 53rd TCW headquarters ordered the C-47 pilots to direct the gliders to LZ E, west of Sainte-Marie-du-Mont. This was also intended to avoid the German anti-aircraft guns to the north of Sainte-Mère-Eglise.

The leading serial comprised 32 Wacos and 18 Horsas of 437th TCG, and took off from Ramsbury. It was carrying 717 troops of 1st Battalion, 325th GIR, and more men of A Company, 307th Airborne Engineer Bn. It was also carrying jeeps, guns and equipment.

The second serial comprised 50 Wacos of 434th TCG, leaving from Aldermaston. This mission was to take 251 men of the general staff of 325th GIR, the rest of A Company, 307th Airborne Engineer Bn, and the men of the Airborne Reconnaissance Platoon and the Airborne Division Artillery. To this were added 41 jeeps (including one 508th PIR command jeep), 20 artillery guns and 26 tons of various equipment.

Of all the pilots taking part in this mission, one, F/O Robert C. Casey, was in more of a hurry than the rest to get to France. His father had fought there during World War I and had married a French girl, Lucienne Didier, who worked in a hospital at Tours. The couple had a child, Robert, who viewed France as a second home country. Fascinated by his father's memories of aerial combat, he had wanted to become a fighter pilot, but the waiting list was too long and he was offered a new speciality that he could join quickly, the Glider Training Program.

He did his primary training at Antigo (Wisconsin) and his basic training at 29 Palms (California), finally receiving his glider wings upon completing his advanced glider training at Victorville in April 1943. He was assigned to 82nd TCS, 436th TCG. His unit crossed the Atlantic on board the *Queen Mary*, arriving in Greenock, Scotland, on January 30, 1944 before moving on to Membury in England. For four months, he took part in various training exercises aimed at improving their flying skills. On May 30, 1944, Robert C. Casey was seconded to 85th TCS, 437th TCG in Ramsbury. Just before combat missions, the command sometimes moved a pilot in this way from one unit to another according to their needs.

armes légères des soldats allemands. Ils arrivent au-dessus de leur LZ à une altitude de 500 pieds, ce qui est bas. A cette altitude, les planeurs qui se détachent ne disposent que de 30 secondes pour se poser. Apercevant un champ de taille suffisante, Chamberlain se détache du C-47 et, instantanément, le Horsa commence à piquer du nez. Chamberlain n'arrive pas à redresser le planeur ; Casey prend alors les commandes, ce qui n'est théoriquement pas son rôle en tant que copilote. Cependant, il se rappelle d'une technique qui lui avait été enseignée par un instructeur anglais en Angleterre quelques mois plus tôt : il ouvre les ailerons au maximum, ce qui permet de ralentir le planeur et de lui faire redresser le nez. Cependant, cette manœuvre doit être effectuée juste avant le contact avec le sol, car le planeur perdant de la vitesse risque de ne plus avoir assez de portance et de tomber comme une pierre. Casey tente sa chance et permet au Horsa surchargé de se poser tant bien que mal. L'atterrissage est brutal et ils percutent une haie, ce qui endommage l'avant du planeur. Quand Chamberlain et Casey retrouve leurs esprits, ils se rendent compte qu'ils sont assis à leur place dans la cellule frontale, mais font face à la queue de leur appareil, ce qui témoigne de la rudesse du choc !

Parmi les soldats qui sortent du planeur, ils en entendent un déclarer en voyant l'avant du Horsa : « *Laisse tomber, ils sont morts !* » Ils sont stupéfaits de les voir s'extraire indemnes de l'enchevêtrement de contre-plaqué et de plexiglas.

Parmi les passagers, cinq sont blessés, dont le capitaine Stokely qui souffre d'une jambe cassée. Un autre Horsa se pose dans le même champ, effectuant un atterrissage parfait. Soudain, un troisième heurte en vol un poteau téléphonique avec son aile droite et s'encastre dans le Horsa intact, ce qui occasionne neuf autres blessés.

On les rassemble à l'écart afin d'éviter d'autres accidents. Les soldats se regroupent et rejoignent leur objectif. Deux pilotes de planeurs partent à la recherche d'infirmiers et les autres restent auprès des blessés. C'est alors que Casey aperçoit un fermier tirant sa vache. Il lui montre sa carte afin de savoir où ils se trouvent en utilisant les quelques mots de français qu'il a appris par sa mère. Le fermier n'est pas vraiment coopératif, ne regardant même pas les cartes que lui tend Casey. Ce dernier sait qu'ils se trouvent près de Saint-Marie-du-Mont, mais à quelle distance ? Casey reste toute la journée avec son groupe en attendant des secours. Ils entendent des échanges de coups de feu sporadiques leur rappelant qu'une guerre est en cours mais n'en sont jamais la cible. L'après-midi, ils observent un combat aérien opposant trois avions allemands à cinq ou six chasseurs de la RAF et un appareil ennemi s'abat en flammes.

En fin d'après-midi, un camion arrive afin de les rapatrier sur la plage d'*Utah* où les blessés sont enfin soignés. Casey et Chamberlain retrouvent des pilotes de planeur de leur groupe et échangent leurs impressions. Ils passent la nuit sur la plage. Vers 10 h 00 le lendemain matin, on les dirige vers un LCI où ils servent de gardiens pour 217 prisonniers allemands (dont le pilote de l'avion qui avait été abattu la veille) que l'on ramène en Angleterre.

Le LCI les conduit au large jusqu'à un LST (10) plus imposant destiné à transporter les troupes et le matériel lourd. Le 9 juin vers 10 h 00 du matin, ils débarquent à Portsmouth. Robert C. Casey vient de prendre part à sa première mission de guerre (11) qui, hormis son atterrissage, s'est déroulé sans difficulté. Il est alors fier d'avoir participé au point de départ de la libération d'un pays auquel il est sentimentalement attaché.

Partant d'Aldermaston avec le deuxième groupe de cette mission, le *1st Lieutenant* Archie Dickson du *71st TCS* du *434th TCG* a connu une expérience plus difficile. Il s'envole à bord d'un Waco chargé d'une tonne d'équipements de transmission et de huit soldats de la *82nd Airborne*. Après avoir survolé la Manche sans le moindre problème, il arrive à proximité de Sainte-Mère-Eglise. Il se détache du C-47 et commence sa descente vers un champ qu'il a repéré. Soudain, ils sont la cible de canons antiaériens allemands. Un éclat fracture le tibia droit d'Archie Dickson et le copilote Don Akin est lui aussi blessé. Ils peuvent tout de même poser le planeur sans que les passagers ou la cargaison ne soient endommagés. Dickson arrache la ceinture de sécurité de son siège afin de se faire un garrot et sort tant bien que mal du Waco. Les huit soldats de la *82nd* ont déjà disparu. Dans l'incapacité de se mouvoir, Dickson s'administre une injection de morphine afin de calmer la douleur.

Akin et lui restent à proximité de leur planeur toute la matinée, immobiles, et ce n'est qu'en début d'après-midi qu'un infirmier accompagné de soldats vient soigner sa plaie et lui administrer une autre piqûre de morphine. Un Allemand apparaît au loin et est pris pour cible par un des Américains. Il s'éloigne à toute allure et c'est le seul ennemi que les deux pilotes virent en Normandie. En fin de journée, Archie Dickson est placé sur un brancard et installé dans une Jeep. Un photographe de l'armée, Peter Caroll, prit une photo qui fit la « une » de la plupart des quotidiens américains car c'était l'une des premières disponibles. Ils sont transportés jusqu'à *Utah* afin d'être évacués vers l'Angleterre.

Comme la mission « Elmira » de la veille au soir, la mission « Galveston » fut elle aussi meurtrière : 17 hommes tués, 85 blessés, 10 Horsas détruits, 7 endommagés, 9 Wacos détruits et 15 endommagés.

(10) Ce bateau surnommé « Large Slow Targets » (« grosses cibles trainardes ») mesurait 98,4 mètres de long et permettait le transport de 2 000 tonnes d'hommes et de matériels.

(11) Il participa ensuite à l'opération « Market-Garden » aux Pays-Bas et à « Varsity » pour la traversée du Rhin. Il quitta l'armée en juin 1945.

At nightfall on June 5, the gliders and C-47s lined up on the airstrip. Casey and his co-pilot, 2nd Lieutenant Gordon Chamberlain, were inspecting their machine and needed a hand. They saw a paratrooper in the distance with his back to them and called out to him. When he failed to come, Casey ran up to him to ask him to help. He went right up to the paratrooper, and when he swung round, he saw a general's star on his helmet. He mumbled "Excuse me sir !" and went back to his Horsa. He was later told that it was the 82nd Airborne Division's commander, James Gavin, who was inspecting the planes responsible for carrying 325th GIR.

On Tuesday, June 6, 1944, Casey witnessed the return of the C-47s that had just taken part in the first assault wave to Normandy. Whilst some were badly damaged, not one was missing. The next morning, on June 7, it was their turn. Chamberlain and Casey tossed a coin to see who should be pilot. Chamberlain won. The group he was with was to take off from Ramsbury at 0437 hours. Their Horsa carried 29 men of 325th GIR, including the commander of C Company, Dave Stokely, and also ammunition. The glider was 300 kg (660 pounds) overweight, which became clear when the pilots noticed that on take-off their tug plane left the ground before their glider did. The glider finally got off the ground only yards before the end of the runway. Another overloaded Horsa failed to get in the air at all. The flight proceeded without a hitch, except that one Horsa came loose over Portland Bill and landed safely in a field.

Passing over Utah Beach, they saw the hundreds of boats and landing craft used in the landing.

The C-47s flew low to avoid flak, but some were the target of German light arms fire. They arrived over their LZ at a height of 500 feet, which is low. At that altitude, the gliders had only 30 seconds in which to land after casting off. Spotting a suitably big field, Chamberlain cut loose from his C-47 and the Horsa immediately began to nosedive. Chamberlain was unable to level out, so Casey took over the controls, although technically this was not within his remit as co-pilot. However, he remembered a ploy his English instructor had taught him in England only a few months before; he opened the ailerons as far as they would go, which slowed the glider down and straightened it up. However, this maneuver is supposed to be done just before touching down, as a glider losing speed is liable to lose lift and drop like a stone. Casey tried his luck and managed to bring down his Horsa more or less safely. It was not a soft landing and they hit a hedge, damaging the front of the glider. When Chamberlain and Casey came to, they realized that they were sitting in the front airframe, but facing the tail of the glider, which just showed how heavily they had crash-landed!

Among the men emerging from the glider, one they heard saying, on seeing the front end of the Horsa, «Forget it, they are dead!» They were amazed to see them climb out unhurt from the tangle of plywood and plexiglas.

Five of the passengers were injured, including Captain Stokely, who had a broken leg. Another Horsa made a perfect landing in the same field. Suddenly a third in midflight hit a telegraph pole with its right wing and crashed into the intact Horsa, injuring another nine.

They were brought together some distance away so as to avoid any further accidents. The fighting men mustered and went on to their objective. Two glider pilots set off to find medical orderlies, while the rest stayed beside the injured. Then Casey spotted a farmer pulling a cow along. He showed him his map, to try and find out where they were, using the odd words of French he had learnt from his mother. The farmer was not very cooperative and would not even look at Casey's maps. Casey knew they were not far from Sainte-Marie-du-Mont, but not how far. He stayed with his party all day as they awaited help. They heard occasional gunfire being exchanged to remind them there was a war going on, but they were never a target. That afternoon, they watched a dogfight between three German aircraft and five or six RAF fighters, and one enemy plane was shot down in flames.

Late in the afternoon, a truck arrived to take them back to Utah Beach, where the injured finally received treatment. Casey and Chamberlain joined the other glider pilots in the group and exchanged their impressions. They spent the night on the beach. At around 1000 hours the following morning they were moved to an LCI where they acted as guards to bring back to England 217 German prisoners (including the pilot of the aircraft shot down the previous day).

The LCI took them out to sea as far as a bigger LST (10), a transport ship for troops and heavy equipment. They landed at Portsmouth on June 9, at around 1000 hours. Robert C. Casey had just completed his first war mission (11) which, apart from the actual landing, had gone smoothly. He was proud to have taken part in the start of the liberation of a country to which he had a sentimental attachment.

Starting out from Aldermaston with the second serial of the mission, 1st Lt. Archie Dickson of 71st TCS, 434th TCG, had a harder time of it. He took off in a Waco loaded with a ton of signalling equipment and eight men of 82nd Airborne. After flying over the Channel without any problem, he came in close to Sainte-Mère-Eglise. He cut loose from his C-47 and began to glide down to a field he had spotted. Suddenly, they became a target for German flak guns. Archie Dickson was hit by shrapnel in the right shin and his co-pilot Don Akin was wounded too. Despite this, they managed to bring down their glider with no damage to either passengers or cargo. Dickson pulled off his seat belt to make a tourniquet and clambered out of the Waco. The eight men of 82nd had already disappeared. Unable to move, Dickson gave himself a morphine injection to relieve the pain.

Akin and he stayed close to their glider all morning, without moving, and it was only early in the afternoon that a medical orderly arrived to clean his wound and give him another morphine injection. A German appeared in the distance and was shot at by one of the Americans. He took to his heels, and was the only enemy the two pilots ever saw in Normandy. Late in the day, Archie Dickson was set on a stretcher and placed in a jeep. An army photographer, Peter Caroll, took a picture that hit the front pages of most U.S. dailies, being one of the first available. Then they were taken to Utah Beach for evacuation to England.

Like Mission Elmira the previous evening, Galveston was another murderous mission, with 17 men killed, 5 injured, 10 Horsas destroyed, 7 damaged, 9 Wacos destroyed and 15 damaged.

(10) Landing Ship Tanks, nicknamed "Large Slow Targets", were 322'10 long and could transport 2,000 tons of men and equipment.

(11) He later took part in Operation Market Garden in Holland, and in Varsity across the Rhine. He left the army in June 1945.

Photo du *2nd Lieutenant* Robert C. Casey prise en décembre 1944. On note le port de l'insigne de la *9th Airforce* rehaussé du patch « Airborne » du fait de leur appartenance aux planeurs. (Robert C. Casey.)

Photo of 2nd Lieutenant Robert C. Casey taken in December 1944. Note how he is wearing the insignia of the 9th Airforce together with the « Airborne « patch for the glider men.

Le *1st Lieutenant* Dickson du *71st TCS* du *434th TCG*. Photo prise le 7 juin 1944 alors qu'il attend d'être ramené vers la plage. (Archie Dickson.)

1st Lieutenant Dickson of 71st TCS, 434th TCG. Photo taken on June 7, 1944 as he waited to be taken back to the beach.

Ci-dessus : Wacos et Horsas après l'atterrissage. On note que l'arrière des Horsas a été ouvert pour permettre le déchargement du matériel. (National Archives.)

Ci-dessous : Quelque part en Normandie le 6 juin 1944. Des soldats américains dégagent l'épave d'un Horsa pour faciliter le passage de véhicules. (National Archives.)

Above : Wacos and Horsas after landing. Note how the rear section of the Horsas was opened in order to unload equipment.

Below : Somewhere in Normandy on June 6, 1944. U.S. troops clear away the wreckage of a Horsa to let vehicles through.

Ci-contre : Le 7 juin, des paras du *506th PIR* examinent une carte avec des MP d'une unité amphibie. On remarque l'excellent atterrissage des deux Horsas. (National Archives.)

Ci-dessous : Victimes d'un « crash » de planeur. (National Archives.)

En bas : Waco ayant heurté une haie à l'atterrissage le 7 juin 1944. (National Archives.)

Opposite : On June 7, paratroops of 506th PIR examine a map with MPs from an amphibious unit. Note the excellent landing made by the two Horsas.

Below : Victims of a glider crash.

Down : Waco glider that hit a hedge upon landing on June 7, 1944.

Mission « HACKENSACK » :

La mission « Hackensack », sixième et dernière mission de planeurs de l'opération « Neptune », est elle aussi divisée en deux groupes.

Le premier décolle d'Upottery avec 30 Horsas et 20 Wacos du *439th TCG*. A leur bord, 968 hommes du *2nd Bn* du *325th GIR* et du 2ᵉ bataillon du *401st GIR* rattaché au *325th*. De plus, ils transportent 5 Jeeps, 11 tonnes de munitions et 10 tonnes de matériels divers.

Le deuxième groupe décolle de Merryfield avec 50 Wacos du *441st TCG*. A bord, 363 soldats des mêmes unités et également 20 Jeeps (dont des Jeeps de commandement du *505th*, du *507th* et du *508th PIR*), 12 mortiers de 81 mm et 6 tonnes de munitions.

Vers 6 h 00 ce 7 juin 1944, le F/O Theodore Bleecker Ripsom et son copilote de F/O Calvin Redfern prennent place à bord de leur CG4-A. Le chargement est composé d'une Jeep équipée d'une radio destinée au 2ᵉ bataillon du *401st GIR* au volant de laquelle se trouve le PFC Roy A. Nolan et à ses côtés le *Lieutenant* Don H. Clark.

Le groupe de 20 Wacos et 30 Horsas prend son envol. Le vol dure près de deux heures et demie et les appareils n'essuient que peu de tirs ennemis. En vol, ils sont protégés par des chasseurs P-47 afin d'éviter les attaques des avions allemands qui pourraient causer des pertes importantes aux C-47 et aux planeurs qui ne sont pas équipés de mitrailleuses pouvant assurer leur défense.

A 8 h 51, neuf minutes en avance sur l'horaire prévu, la première vague se trouve au-dessus de la LZ, précédant de huit minutes le second groupe venant de Merryfield.

Le *1st Lieutenant* Norman Chase, un des pilotes de C-47 du *100th TCS*, *441st TCG* au départ de Merryfield le 7 juin à 7 h 00. (Norman W. Chase.)

1st Lieutenant Norman Chase, one of the C-47 pilots of 100th TCS, 441st TCG sets out from Merryfield at 0700 hours on June 7.

441st TROOP CARRIER GROUP, 100th SQUADRON, POWER PILOTS

STANDING, LEFT TO RIGHT, BACK ROW
1. Canovan, Richard M. 2. Fairweather, Fredrick N. 3. Smith, William H. 4. *Yakos, Frank 5. Chase, Norman W. 6. Whelan, James F. 7. *Phelps, Robert B. 8. *Comely, Henry.L. 9. Wilkerson, Thomas S. 10. Worf, Laurel A. 11. Stonestrom, Donald A. 12. Wilson, John F 13. Gray, Richard G. 14. Shaeffer, Gifford R. 15. Mode, William L. 16. Stewart, James A. 17. Mesler, Albert J. 18. Noellsch, Myron D.

SQUATTING, LEFT TO RIGHT, MIDDLE ROW
1. Jens, Frans C. 2. Roessell, John J. 3. *McGeorge, Harvey W. 4. Gladstone, Morton 5. Cullen, Edward F. 6. Connelly, Billy J. 7. Williams, Neal B. 8. Goff, William H. 9. Franzen, Robert L. 10. Damaschke, William K. 11. Eastman, Pearl, D. 12. Cosgrove, John J. 13. Gimble. John. 14. Murphey, George B.

*deceased

SITTING, LEFT TO RIGHT, FRONT ROW
1. Ibert, Joseph M. 2. Kantz, Clifford D. 3. Lemons, Alfred M. 4. * Meaker, Merrill A. 5. Mudrow, Richard D. 6. *Cousin, James T. 7. Turney, Willilam O. 8. *Larson, Donald O. 9. Beal, Harry C. 10. Worl, Richard H. 11. *Burchfiel, Randolph D. 12. *Wolfe, Robert J.

Photo des pilotes de C-47 du *441st TCG*, *100th TCS*. (Norman W. Chase.)

Photo of the C-47 pilots of 441st TCG, 100th TCS.

Ci-dessus : A gauche, le *Lieutenant* Don H. Clark et le PFC Roy A. Nolan du 2ᵉ bataillon du *401st Glider Infantry-Rgt.* de la *82nd Airborne*. Du fait du manque de place, les passagers devaient souvent s'asseoir dans la Jeep. Cette photo est prise en vol peu après le départ d'Upottery. (Ripsom.)

Ci-dessous : Des Wacos dans un champ. On remarque le très mauvais état de celui se trouvant en haut à droite. (National Archives.)

Above : *On the left, Lieutenant Don H. Clark and PFC Roy A. Nolan of 2nd Bn, 401st Glider Infantry-Rgt., 82nd Airborne. Owing to lack of space, the passengers often had to sit in the Jeep. This photo was taken in flight shortly after taking off from Upottery.*

Below : *Wacos in a field. Note the very bad state the one on the top right is in.*

Au-dessus de la LZ W, le *2nd Lieutenant* William A. Stenzel, pilote tirant le Waco de Ripsom, leur souhaite bonne chance par radio et Ripsom se détache. Des planeurs atterrissent à deux kilomètres plus au nord, au milieu des lignes allemandes. Il en aperçoit deux de son groupe atterrir dans les marais et change de direction afin de trouver une zone moins inondée. Ripsom se rend alors compte que son copilote a ouvert les spoilers à fond, ce qui leur fait perdre trop vite de l'altitude. Il ordonne alors à Redfern de baisser les spoilers et ils posent leur appareil comme à l'entraînement. Ils ouvrent la cellule du Waco afin de faire sortir la Jeep. Ripsom prend une photo afin d'immortaliser ses premiers pas en Normandie. L'armée américaine interdisait formellement aux soldats de transporter des appareils photos sur les zones de combats au cas où, faits prisonniers, les photos récupérées par l'ennemi ne trahissent des informations confidentielles. Ripsom était passé outre ces ordres et est l'un des rares à faire des photos juste après l'atterrissage.

Les deux soldats du *401st GIR* partent alors en Jeep rejoindre leurs troupes. Redfern et Ripsom de leur côté se regroupent avec d'autres pilotes de planeur et des soldats de la *82nd* et partent en direction du poste de commandement de Ridgway.

De très nombreux planeurs se trouvent dans les champs à proximité de cette ferme, certains en bon état, d'autres totalement disloqués. En début d'après-midi, une Jeep de l'*US Navy* venant d'*Utah Beach* se présente. Les occupants de cette Jeep sont chargés de régler les tirs d'artillerie des croiseurs américains se trouvant au large. Ils informent les pilotes de planeur que la route pour la plage est libre même si des snipers peuvent toujours sévir. Pour s'y rendre rapidement, il faut trouver un moyen de locomotion. Ils trouvent une Jeep coincée à l'intérieur d'une épave de planeur. Ils réussissent à extraire le véhicule baptisé « Flak Happy » et constatent qu'il est en état. Quinze pilotes de planeur (12) prennent place dessus et mettent en route. Des panneaux « Cleared » signalent que

la route a été déminée et ils arrivent sur *Utah Beach* sans problème particulier. L'officier chargé de la logistique sur la plage, le *Beachmaster*, leur désigne le *HMS Erebus,* vieux croiseur de la Première Guerre mondiale, pour le retour en Angleterre. Le lendemain, ils débarquent à Southampton et sont transportés en camion à Upottery.

Parmi tous les soldats aéroportés, le PFC Charles E. Schmelz Jr., âgé de 20 ans, connut une singulière expérience. Affecté au *49th Service Group* stationné à Uppotery, il ne fait pas partie d'une unité combattante mais d'un service chargé de la maintenance de l'aérodrome. Le 6 juin vers 22 h 30, il s'approche de la piste où les planeurs de l'opération « Hackensack » sont alignés. Faisant preuve d'audace, il prétend aux gardes qu'il vient les renforcer et joue ce rôle près de trois heures, patrouillant entre les appareils. Profitant d'un moment d'inattention, il pénètre dans l'avant-dernier Horsa de la série et se cache dans le compartiment arrière. Frigorifié, il s'endort et ne se réveille que vers 6 heures du matin lorsque les troupes aéroportées prennent place dans l'appareil. Il attend que le planeur décolle pour apparaître.

Il frappe à la porte et un soldat ouvre. « Un clandestin » hurle-t-il. Schmelz se présente à un *2nd Lieutenant* stupéfait. Ce dernier qui a de toute façon besoin d'hommes est contraint de l'accepter.

A l'atterrissage, le planeur finit sa course dans un fossé en essayant d'éviter les « asperges de Rommel » et la queue se désolidarise du reste de l'appareil. Tous évacuent le Horsa et se cachent derrière une haie. Les Allemands ne sont qu'à une centaine de mètres, isolés au milieu des planeurs qui cherchent une trajectoire pour atterrir. Un soldat donne à Schmelz des roquettes de bazooka à transporter et tout le groupe se dirige vers une ferme transformée à la hâte en poste médical où des paras dispensent les premiers soins à des blessés.

Schmelz voit pour la première fois des Allemands faits prisonniers aux alentours. Le groupe continue lentement sa progression toute la matinée et arrive dans un petit village où des fermiers leur proposent du cidre et du vin. Méfiant, le médecin du groupe leur conseille de refuser par crainte d'empoisonnement.

Ils se joignent à un groupe de paras et forment désormais un groupe de 200 soldats commandés par le capitaine Bloom. Ils continuent leur chemin. Un tel groupe ne passe pas inaperçu et ils sont très vite la cible des snipers allemands. Ils se cachent jusqu'à la tombée de la nuit. Puis ils tentent de reprendre leur route mais en vain : les tirs allemands les clouant sur place. Ils décident donc de creuser des trous individuels dans les haies pour s'y abriter la nuit. Le 8 juin au matin, Schmelz et trois autres soldats reçoivent un bazooka et sont placés en protection sur l'aile gauche du groupe. Ils tirent sur une ferme à proximité où les snipers sont supposés se cacher. Un groupe s'y rend afin de les déloger mais plus aucun soldat ennemi n'y est installé. L'après-midi, des paras partent en éclaireurs mais reviennent rapidement après avoir constaté que les défenses allemandes étaient solides. Le soir même, ils sont pris à partie par l'artillerie ennemie qui les cloue sur place pendant plusieurs heures. Le 9 juin, vers 4 heures du matin, le groupe laisse son

(12) *2nd Lt* John B. Lema, *2nd Lt* Charles M. George, F/O George L. Shaw, F/O Herman L. Theurer, F/O Meyer Sheff, *1st Lt* Warren W. Ward, F/O Clifford E. Mueller, F/O Elden W. Mueller, F/O Warren R. Barrett, F/O Theodore B. Ripsom (tous du *94th TCS*), F/O Gilbert Sinclair du *93rd TCS*, F/O Robert L. Pound du *92nd TCS*, F/O Arnold Wursten du *302nd TCS* du *441st TCG*.

Mission HACKENSACK

Mission HACKENSACK, the sixth and last glider mission in Operation Neptune, was also divided into two serials.

The first serial took off from Upottery with 30 Horsas and 20 Wacos of 439th TCG, with on board, 968 men of 2nd Bn, 325th GIR, and 2nd Bn, 401st GIR, attached to the 325th. They also carried 5 jeeps, 11 tons of ammunition and 10 tons of miscellaneous equipment.

The second serial took off from Merryfield with 50 Wacos of 441st TCG carrying 363 men of the same units and also 20 jeeps (including the 505th, 507th and 508th PIR commanders' jeeps), 12 81-mm mortars and 6 tons of ammunition.

At approximately 0600 hours on June 7, 1944, F/O Theodore Bleecker Ripsom and his co-pilot F/O Calvin Redfern took their seats aboard their CG4-A. Their load comprised a jeep fitted with a radio set for 2nd Bn, 401st GIR, with PFC Roy A. Nolan at the wheel, and Lt. Don H. Clark at his side.

The group of 20 Wacos and 30 Horsas took to the air, for a flight lasting nearly two and a half hours, with very little enemy fire. As they flew they received protection from some P-47 fighters to avoid attacks from German aircraft which could have caused considerable damage to the C-47s and gliders, which had no machine-guns to defend themselves.

At 0851 hours, nine minutes ahead of schedule, the first serial flew over its LZ, eight minutes ahead of the second one coming from Merryfield.

Over LZ W, 2nd Lt. William A. Stenzel, the pilot towing Ripsom's Waco, wished them good luck over the radio and Ripsom cast off. Gliders landed a mile and a half further north, amid the German lines. He saw two of his own group landing in the marshes and changed direction to try and find somewhere less flooded. Ripsom then realized that his co-pilot had opened up the spoilers as far as they would go, making them lose too much height. So he ordered Redfern to lower the spoilers, and they landed their glider just like during training. They opened the Waco's airframe to get the jeep out. Ripsom took a photograph to remember his first steps in Normandy. The U.S. Army strictly forbade soldiers to carry cameras into combat zones in case, if taken prisoner, the photographs in enemy hands might betray secret intelligence. Ripsom had disobeyed orders and was one of the very few to take photographs immediately upon landing.

The two men of 401st GIR then set off by jeep to link up with their troops. Meanwhile, Redfern and Ripsom joined other glider pilots and men of 82nd and headed off towards Ridgway's command post.

There were a great many gliders in the fields around this farm, some of them in good working order, others completely smashed up. Early in the afternoon, a U.S. Navy jeep turned up from Utah Beach. The occupants of the jeep had been detailed to find the range for the artillery fire from American cruisers out at sea. They told the glider pilots that the way was open to the beach, although they might run into snipers. To get there quickly required transport. They found a jeep stuck inside the wreckage of a glider. They managed to extract a vehicle called "Flak Happy" and found it to be in working order. So fifteen glider pilots (12) climbed onto it and set off. They were "Cleared" signs along the road indicating that it had been cleared of mines, and they had no problems getting to Utah Beach. The beachmaster, i.e. officer in charge of logistics on the beach, pointed them to HMS Erebus, an old World War I cruiser, which was to take them back to England. The next day, they disembarked at Southampton and were taken by truck to Upottery.

Of all the airborne troops, PFC Charles E. Schmelz Jr., aged 20, had an unusual experience. He was with 49th Service Group, stationed at Upottery. He did not belong to a combat unit but to one responsible for maintenance at the airfield. At 2230 hours on June 6, he approached the runway where the gliders in Operation Hackensack were lined up. He daringly claimed to guards that he was there as reinforcement and played his part patrolling among the planes for three hours. As soon as no-one was looking, he climbed into the last Horsa but one and hid in the rear compartment. In the freezing cold, he fell asleep and did not wake up until 6 in the morning when the airborne troops got into the glider. He waited until they were in the air before showing up.

(12) The others were: 2nd Lt. John B. Lema, 2nd Lt. Charles M. George, F/O George L. Shaw, F/O Herman L. Theurer, F/O Meyer Sheff, 1st Lt. Warren W. Ward, F/O Clifford E. Mueller, F/O Elden W. Mueller, F/O Warren R. Barrett, F/O Theodore B. Ripsom (all of 94th TCS), F/O Gilbert Sinclair of 93rd TCS, F/O Robert L. Pound of 92nd TCS, F/O Arnold Wursten of 302nd TCS, 441st TCG.

He knocked on the door and a soldier opened it. "A stowaway!" he cried. Schmelz presented himself to an amazed 2nd lieutenant and the officier told him he would be needing men in any case.

When the glider landed, it ended up in a ditch in an attempt to avoid Rommel's asparagus, and the tail came away from the rest of the glider. They all clambered out of the Horsa and hid behind a hedge. The Germans were only a hundred yards away, cut off amid the gliders all looking for somewhere to land. One soldier gave Schmelz some bazooka rockets to carry, and the entire party made its way to a farm that had been hastily turned into a first aid post, where paratroops were tending some wounded men.

Schmelz had his first sight of Germans who had been taken prisoner in the area. The group continued to advance slowly all morning, and arrived at a small village where the farmers offered them cider and wine. Their medical officer was wary at this, and advised them not to take any in case it was poisoned.

They linked up with a group of paratroops and now formed a group of 200 men under Captain Bloom. They moved on, but a party of such a size is going to be seen, and they soon came under fire from German snipers, and so lay low until nightfall. Then they tried to set off again, but to no avail, being pinned down by German gunfire. So they decided to dig foxholes in the hedgerows for overnight shelter. On the morning of June 8, Schmelz and three other men were given a bazooka and placed as cover for the group's left flank. They fired at a nearby farm where snipers were thought to be concealed. A party set off to winkle them out, but there were no longer any soldiers at the farm. During the afternoon, some paratroops were dispatched on a scouting mission, but were soon back reporting that the German defenses were standing firm. That evening, they came under fire from the enemy artillery, which held them back for several hours. On June 9, at approximately 0400 hours, the group left its heavy equipment behind and headed off across the valley in a column. At 0900 hours, the group came under fire from the Germans' heavy guns. It was panic stations; Schmelz was petrified and cast around for shelter. The shells sent up huge showers of earth as they landed in a deluge of fire that lasted over five hours! You could hear the wounded crying out for help. The medical orderlies did what they could to tend them amid the explosions. During a lull, they withdrew as they were beginning to become surrounded by about a dozen Germans. There following a brief gun battle after which the bodies of six Germans were discovered. In the confusion, Schmelz lost contact with the soldiers he had come in with by glider. He was ordered by an officer to report to 82nd Airborne's command post about six miles away. He was taken there by truck and reported to the MPs. He spent the night in a ditch and the next morning was taken to Utah Beach, where he boarded an LCT which took him to an LST full of wounded men. He was given food and cigarettes. Thus came to an end the Normandy adventure of this soldier who had fulfilled his wish: to take part in the greatest operation ever attempted. (13)

Once their mission to land their glider was over, the pilots had to make their way as quickly as possible to the beaches so as to get back to England for forthcoming operations. On their way, they were often used to guard German prisoners. Others however fought alongside the paratroops in the hedgerow country of the Cotentin peninsula as they cut across to the beaches. 270 reached the beaches on the evening of June 7 ; another 170 did so at noon the following day, accompanying 326 German prisoners.

Meanwhile, from mid-afternoon, the entire 325th Glider Infantry Regiment marched on Chef-du-Pont. The first battalion took up position nearby, the second headed towards La Fière, and the second battalion of 401st GIR, acting as third battalion of 325th GIR, moved unopposed towards Carquebut.

During Mission Hackensack, 16 Horsas and 4 Wacos were destroyed ; 17 men were killed and 69 injured or wounded. Despite these losses, the missions on D+1 proved that daytime landings could enable regiments to muster and be ready for combat within a short period of time. Further glider missions took place on June 10 and 12. These however were not combat missions in enemy territory, but operations to bring in gasoline and ammunition supplies. The success of the D-Day landings was assured. Nevertheless, another ten weeks of fierce fighting would be necessary before the Allied troops were able to defeat the German army in Normandy…

(13) Schmelz arrived at Portland on June 11. He was arrested for deserting, jailed for 3 days and court-martialed. He was not punished, as his judges recognized his act of bravery.

Charles E. Schmelz du *49th Service Group*. Cette photo fut prise le 13 juin 1944 à son retour de Normandie. (49th Serv ice Group.)

Charles E. Schmelz of 49th Service Group. This photo was taken on June 13, 1944 upon his return from Normandy.

équipement lourd et se dirige en colonne à travers la vallée. A 9 heures, le groupe reçoit des tirs de canons allemands de gros calibres. C'est l'affolement général ; Schmelz est pétrifié et cherche un endroit pour s'abriter. Les impacts des obus soulèvent d'immenses gerbes de terre. Ce déluge de feu va durer pendant plus de cinq heures ! On entend les plaintes des blessés qui appellent au secours. Les infirmiers essaient tant bien que mal de les soigner au milieu des explosions. Ils profitent d'une accalmie pour battre en retraite alors qu'ils commençaient à être encerclés par une dizaine d'Allemands. S'ensuit un bref échange de coups de feu après lequel les cadavres de six Allemands sont découverts. Dans la confusion, Schmelz perd le contact avec les soldats avec lesquels il était arrivé en planeur. Un officier lui ordonne de se rendre au poste de commandement de la *82nd Airborne* situé à une dizaine de kilomètres de là. Il s'y rend en camion et se présente aux MP. Il passe la nuit dans un fossé et est transporté le lendemain matin sur *Utah Beach*. Il prend place dans un LCT qui l'emmène jusqu'à un LST rempli de blessés. Il reçoit de la nourriture et des cigarettes. Ainsi s'achève l'aventure en Normandie de ce soldat qui avait réalisé son souhait : participer à la plus grande opération jamais tentée. (13)

Une fois leur mission accomplie, les pilotes ayant posé leur planeur devaient rejoindre le plus vite possible les plages afin de regagner l'Angleterre pour préparer les opérations à venir. Au passage, ils servirent souvent à garder les prisonniers allemands. Cependant, certains combattirent aux côtés des paras dans le bocage du Cotentin, le temps de se frayer un chemin vers les plages : 270 atteignirent les plages le soir du 7 juin. 170 autres arrivèrent, le 8 à midi, encadrant 326 prisonniers allemands.

De son côté, le *325th Glider Infantry Regiment* en entier se mit en marche sur Chef-du-Pont à partir du milieu de l'après-midi. Le premier bataillon s'installa à proximité, le second se dirigea vers La Fière et le deuxième bataillon de la *401st GIR*, servant comme troisième bataillon au *325th GIR*, fit mouvement vers Carquebut sans rencontrer d'opposition.

Au cours de la mission « Hackensack », 16 Horsas et 4 Wacos furent détruits ; 17 soldats furent tués et 69 blessés. Malgré ces pertes, les missions du J+1 prouvèrent qu'un atterrissage de jour pouvait permettre aux régiments de se rassembler et d'être prêts à combattre dans un laps de temps très court. Les 10 et 12 juin, d'autres missions de planeurs se déroulèrent. Ce ne furent plus cette fois des missions de combat en zone ennemie, mais des opérations de ravitaillement en essence et munitions. La réussite du débarquement était assurée. Dix semaines de combats très durs seront encore néanmoins nécessaires aux troupes alliées pour vaincre l'armée allemande en Normandie…

(13) Schmelz arriva à Portland le 11 juin. Il fut arrêté pour cause de désertion, emprisonné pendant 3 jours avant de passer en cour martiale où il ne fut pas puni, les juges reconnaissant son acte de bravoure.

Mission « HACKENSACK » : l'embarquement

En haut : Des fantassins, des infirmiers et des médecins de la *82nd Airborne* attendent l'ordre d'embarquer dans leur Horsa. (National Archives.)

Ci-dessus : Trois pilotes de planeur marchent vers leur Horsa. (National Archives.)

Ci-contre : Photo prise à Upottery le 6 juin, veille du départ pour la Normandie des Horsas et Wacos du *439th TCG*. (Tariel/National Archives.)

Mission "HAQUENSACK" : embarking

Top : *Infantry, medical orderlies and medical officers of 82nd Airborne await orders to board their Horsa.*

Above : *Three glider pilots walking towards their Horsa.*

Opposite : *Photo taken at Upottery on June 6, the day before the Horsas and Wacos of 439th TCG took off for Normandy.*

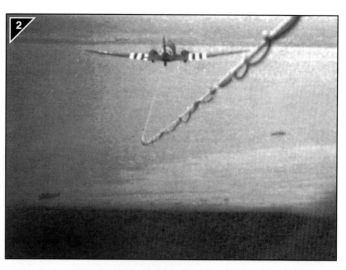

Au-dessus d'*Utah Beach*

1. Photo prise à partir du cockpit du Waco piloté par le F/O Ripsom passant au-dessus de Bill of Portland, dernière étape avant la Normandie. (Ripsom.)

2. Rare photo de l'approche sur le Cotentin. On aperçoit des bateaux alliés au large d'*Utah Beach* (au fond). (Ripsom.)

3. *Utah Beach* vers 9 heures le 7 juin 1944. On distingue les barges de débarquement. Au fond à gauche, le Banc du Grand Vey s'enfonce dans les terres. (Ripsom.)

4. Vue de l'armada alliée prise du pont de l'*Erebus*. A noter le barrage de ballons aériens. (Ripsom.)

5. Planeurs Horsas tirés par des C-47 au-dessus d'*Utah Beach*. Cette photo a été prise le 12 juin au-dessus des dunes de la Madeleine *(Utah Beach)*. Mission de réapprovisionnement. (National Archives.)

6. Photo prise le 7 juin au-dessus de la LZ W par le *Lieutenant* Ingram du *439th* TCG, *91st* TCS à partir de son C-47. (National Archives.)

Over Utah Beach

1. Photo taken from the cockpit of the Waco flown by F/O Ripsom passing over Portland Bill, the final landmark before Normandy.

2. A rare photograph of coming in towards the Cotentin peninsula. We see the Allied shipping off Utah Beach (in the background).

3. Utah Beach at approx. 0900 hours on June 7, 1944. We can see the landing craft. On the left in the background, the Banc du Grand Vey digs into the mainland.

4. View of the Allied armada taken from the deck of HMS Erebus. Note the barrage balloons.

5. Horsa gliders being towed by C-47s over Utah Beach. This photo was taken on June 12 above the dunes of La Madeleine (Utah Beach). Supply mission.

6. Photo taken on June 7 from his C-47 over LZ W by Lieutenant Ingram of 439th TCG, 91st TCS.

Sur la Landing Zone W

1. Photo prise par le F/O Ripsom peu après l'atterrissage. Sur la Jeep on retrouve le PFC Nolan et le *Lieutenant* Clark. Debout à l'arrière se trouve le copilote F/O Calvin Redfern. (Ripsom.)

2. Des pilotes se regroupent et constatent les dégâts. (Ripsom.)

3. Photo d'un planeur détruit. On note la Jeep encore renversée sur le côté à gauche de la photo. (Ripsom.)

4. Deux pilotes s'octroient une pause cigarette et posent pour la photo. (Ripsom.)

5. F/O Arnold Wursten du *302nd TCS* du *441st TCG*. On l'aperçoit auprès de l'épave du planeur de laquelle sera extraite la Jeep (à droite) « Flak Happy ». (Ripsom.)

6. 10 juin 1944, trois soldats de la *82nd Airborne* examinent un Horsa disloqué. (National Archives.)

7. C-47 numéro 42-100819 du *91st TCS* « crashé » au nord-est de Picauville. Il était piloté par le *2nd Lieutenant* Marston F. Sargent. (Raymond Hasley.)

8. Carcasse calcinée d'un Waco. (Ed. Short.)

9. Des pilotes du *439th TCG* s'accordent un moment de repos. Au fond à droite avec le casque se trouve le F/O Samuel E. Baker du 93ᵉ Squadron. (Ripsom.)

10. Paras du *502nd PIR* de la *101st Airborne* pris en photo par le F/O Ripsom. (Ripsom.)

On Landing Zone W

1. *Photo taken by F/O Ripsom shortly after landing. On the Jeep is PFC Nolan and Lieutenant Clark. Standing, at the back is the co-pilot F/O Calvin Redfern.*

2. *Pilots muster and inspect the damage.*

3. *Photo of a destroyed glider. Note the Jeep still overturned on its side on the left of the photograph.*

4. *Two pilots stop to light a cigarette and pose for the camera.*

5. *F/O Arnold Wursten of 302nd TCS, 441st TCG. We see him near the wreckage of the glider from which the Jeep» Flak Happy « is pulled (right).*

6. *June 10, 1944, three men of 82nd Airborne examine a smashed Horsa.*

7. *C-47 number 42-100819 of 91st TCS which crashed north-east of Picauville. It was piloted by 2nd Lieutenant Marston F. Sargent.*

8. *The burned-out shell of a Waco.*

9. *Pilots of 439th TCG rest for a moment. On the right at the back with the helmet is F/O Samuel E. Baker of 93rd Squadron.*

10. *Paratroops of 502nd PIR, 101st Airborne photographed by F/O Ripsom.*

Retour vers les plages

1. Retour sur *Utah Beach* pour reprendre un bateau vers l'Angleterre.

2. Des pilotes de planeur aux abords de la plage.

3. Des pilotes de planeurs de *435th TCG* montent à bord d'un LCI *(Landing Craft Infantry)* à destination de l'Angleterre.

(Silent Wings Museum.)

Return to the beaches

1. *Back to Utah Beach to catch a boat to England.*

2. *Glider pilots not far from the beach.*

3. *Glider pilots of 435th TCG boarding an LCI (Landing Craft Infantry) for England.*

4. Les pilotes de planeurs quittent la plage d'*Utah Beach* pour l'Angleterre afin de se préparer pour les missions futures.

5. De gauche à droite : Lt Charles B. Ellington, F/O Joe Gilrreath, F/O Kenneth Ensor. Photo prise sur le bateau ramenant ces pilotes de Normandie.
(National Archives.)

4. *Glider pilots leave Utah Beach for England in preparation for further missions.*

5. *Left to right : Lt Charles B. Ellington, F/O Joe Gilrreath, F/O Kenneth Ensor. Photo taken on the vessel bringing these pilots back from Normandy.*

Epilogue

En protégeant le flanc des forces débarquées et en s'assurant des sorties de la plage d'*Utah*, les troupes aéroportées américaines ont incontestablement contribué au succès de l'opération « Neptune » dans le secteur du Cotentin. Même si les pertes se sont révélées proportionnellement plus importantes par rapport aux unités arrivées par mer, elles furent moins lourdes que ce qui avait été prévu par l'Etat-Major. En ce qui concerne spécifiquement les pilotes de planeurs, 44 furent au total tués, 122 blessés et 33 capturés. Ils emmenèrent un total de 4 047 soldats dans leurs appareils, 281 Jeeps, 110 pièces d'artillerie et 97 tonnes de matériels.

Le 23 juin, le *Lieutenant* George H. Boynton et huit sergents mécaniciens du *26th MR&R* (Pat O'Sullivan, Percy Smith, Ed Flemming, Eliseo Blasquez, James Davis, Don Anderson, Joe Pace et Jack Welborn) se rendirent à leur tour en Normandie. Ils furent amenés en avion près d'*Omaha Beach*, d'où ils prirent une Jeep et un camion pour se rendre aux alentours de Sainte-Mère-Eglise. Leur mission était de démonter des pièces détachées sur les Wacos qui ne pouvaient être récupérés et de préparer ceux qui repartiraient en Angleterre par la méthode du « snatching ». Ils se rendirent compte qu'aucun Horsa ne pourrait faire le voyage retour. En effet, la plupart étaient endommagés suite aux atterrissages forcés et ceux qui étaient en bon état étaient situés dans des champs bordés de haies trop hautes pour que les C-47 ne puissent les récupérer. Au total, seuls 13 Wacos pouvaient resservir pour des missions ultérieures.

Le 25 juin, les C-47 du *91st TCS* du *439th TCG* survolèrent les LZ afin de récupérer ces Wacos qui seront réutilisés par la suite. Les épaves des planeurs restants furent brûlées ou laissées aux fermiers normands.

Plusieurs enseignements purent être tirés de l'utilisation de planeurs en Normandie. On se rendit compte qu'il n'y avait pas plus de pertes lors des atterrissages nocturnes que lors des atterrissages diurnes, malgré le manque de visibilité. De plus, l'utilisation conjointe des paras et des planeurs démontra la possibilité d'avoir des hommes et du matériel rapidement et en grande quantité derrière les lignes ennemies : la tactique d'enveloppement vertical venait de faire ses preuves.

Le 5 juillet 1944, le Général Paul Williams, commandant du *9th Troop Carrier Command*, décida de l'attribution de l'*Air Medal* à tous les pilotes de planeurs ayant participé à l'opération en Normandie.

Ces mêmes pilotes participeront aussi à d'autres missions en Europe au cours de la guerre : le 15 août 1944 aux alentours du Muy pour l'opération « Dragoon » dans le sud de la France ; en septembre 1944 pour l'opération « Market-Garden » aux Pays-Bas ; les 26 et 27 décembre 1944, pour apporter du ravitaillement aux soldats encerclés à Bastogne en Belgique. Et enfin le 24 mars 1945 en Allemagne pour l'opération « Varsity » lors du franchissement du Rhin au niveau de la ville de Wesel.

De son côté, la société Waco qui avait dessiné et construit le CG4-A gagna beaucoup d'argent en tant que fournisseur de l'armée. Cependant, elle avait tellement investi dans un outil de production spécifique à la fabrication de planeurs militaires que la reconversion fut impossible. Dès 1946, Waco annonçait une perte de 77 923 $. En août 1947, l'exercice accusait une perte de 479 936 $. Malgré des efforts qui permirent à la société de remonter ponctuellement la pente, elle ne put jamais redevenir rentable et fut vendue en 1963 par Clayton Brukner à *Allied Aero Industries Inc.* qui ferma l'usine de Troy dans l'Ohio.

Au cours de la Deuxième Guerre mondiale, près de 6 000 volontaires reçurent leur « G wings ». Quelques centaines d'entre eux vivent encore et ce livre permettra, je l'espère, de faire partager leur expérience. Les planeurs disparurent au début des années 1950 en raison de l'amélioration des techniques de parachutage et de l'avènement des hélicoptères lourds de transport. Aujourd'hui, ils sont uniquement utilisés aux Etats-Unis pour l'entraînement des jeunes pilotes de l'armée de l'air américaine.

Diplôme d'honneur décerné le 29 août 1944 aux pilotes du 434th TCG pour leur comportement pendant l'opération de Normandie. (George E. Buckley.)

Honorary diploma awarded on August 29, 1944 to the pilots of 434th TCG for their conduct during the operation in Normandy.

General Orders Number 212

HEADQUARTERS NINTH AIR FORCE.

A.P.O. 696, U.S. Army
23 August 1944.

EXTRACT.

Battle Honors

1. Under the provision of Section IV, Circular No. 333, War Department, 1943, the following units of the IX Troop Carrier Command are cited for outstanding performance of duty in action against the enemy. The citations read as follows :

★ ★ ★ ★

"The **434th Troop Carrier Group**. For outstanding performance of Duty in action against the enemy on 5, 6 and 7 June 1944. On these dates, members of Group Headquarters, and of the 71st, 72nd, 73rd and 74th Troop Carrier Squadrons of the **434th Troop Carrier Group** completed 132 Powered Aircraft Sorties and 132 Glider Sorties in the Troop Carrier spearhead of the Allied Invasion of the European Continent. Notwithstanding the fact that all of the unarmed and unarmored aircraft of the **434th Troop Carrier Group** were flown at minimum altitudes and air speeds, under unfavorable weather conditions, over water, and into the face of vigorous enemy opposition, with no possibility of employing evasive action, their gliders carrying essential airborne infantrymen and urgent supplies were accurately released over pin point objectives. The outstanding courage, skill and fearless initiative demonstrated by all of the personnel of the **434th Troop Carrier Group**, both individually and as a closely knit combat team, contributed immeasurably to the success of the European Invasion and materially accelerated the collapse of enemy forces on the Normandy Coast. The victorious exploits of the **434th Troop Carrier Group** are exemplary of the highest tradition of the Army Air Forces."

★ ★ ★ ★

By command of MAJOR GENERAL VANDENBERG —

Official—
/S/ HAROLD L. CARTER
/T/ HAROLD L. CARTER
Lt. Colonel A.G.D.
Asst. Adj. General.

V. H. STRAHM,
Brig. General, U.S.A.
Chief of Staff.

HEADQUARTERS 434th TROOP CARRIER GROUP
A.P.O. 133, U.S. Army — 29 August 1944.

I Certify that this is a true extract copy and further that

F/O GEORGE E. BUCKLEY T-1302 was a member of the 434th Troop Carrier Group during the period covered by this citation.

W. B. Whitacre

Epilogue

In protecting the flank of the landing forces and securing the Utah Beach exits, the U.S. airborne troops undoubtedly contributed to the success of Operation Neptune in the Cotentin sector. Whilst their losses were proportionally higher than those of the seaborne units, they were nevertheless not as severe as the chiefs of staff had expected. As concerns the glider pilots in particular, a total of 44 were killed, 122 injured or wounded and 33 taken prisoner. They carried a total of 4,047 troops in their gliders, and also 281 jeeps, 110 artillery guns, and 97 tons of equipment.

On June 23, Lt. George H. Boynton and eight mechanics of 26th MR&R (Sergeants Pat O'Sullivan, Percy Smith, Ed Flemming, Eliseo Blasquez, James Davis, Don Anderson, Joe Pace and Jack Welborn) in turn went to Normandy. They were taken by plane near to Omaha Beach, where they went by jeep and truck to the area around Sainte-Mère-Eglise. Their assignment involved recovering spare parts from those Wacos that could not be salvaged and to prepare those that could for "snatching" back to England. They found that none of the Horsas was in a state to get back home. Most had been damaged in forced landings and the ones in working order were stuck in fields where the hedges were too high for a C-47 to tow them out. Altogether, 13 Wacos were found serviceable for subsequent assignments.

On June 25, the C-47s of 91st TCS, 439th TCG flew over the landing zones to recover these Wacos required for further service. The wrecks of the remaining gliders were either burned or handed over to the local farmers.

A number of lessons were learnt from the use of gliders in Normandy. It was noted how, despite the lack of visibility, casualties were no higher during night-time than daytime landings. Also, the use of gliders in conjunction with paratroops demonstrated that it was possible to get large numbers of men and large quantities of equipment quickly behind the enemy lines – the tactics of vertical envelopment had been proven to work.

On July 5, 1944, General Paul Williams, command of 9th Troop Carrier Command, decided that the Air Medal would be awarded to all the glider pilots who took part in the Normandy operation.

These same pilots took part in other assignments in Europe during the war : on August 15, 1944, around Le Muy in Operation Dragoon, in southern France ; in September 1944, during Operation Market Garden in the Netherlands ; on December 26 and 27, 1944, to bring supplies to troops encircled at Bastogne in Belgium. And finally on March 24, 1945 in Germany, during Operation Varsity to cross the Rhine at Wesel.

Meanwhile, the Waco company which designed and built the CG4-A earned a great deal of money as a U.S. Army supplier. However, it had invested so much in a special production plant for the manufacture of military gliders that reconversion proved impractical. As of 1946, Waco announced a loss of $77,923. In August 1947, losses for the year rose to $479,936. Despite successful efforts to turn around the company on a short-term basis, it never became profitable, and was sold in 1963 by Clayton Brukner to Allied Aero Industries Inc., who closed down the plant at Troy (Ohio).

During World War II, nearly 6.000 volunteers received their G Wings. A few hundred of these are still alive, and this book will, I hope, help them to share their experience. Gliders disappeared early in the fifties as parachute techniques improved and heavy transport helicopters were introduced. Nowadays in the United States, they are used only for training young U.S. Air Force pilots.

Un des rares planeurs Waco à être récupéré en Normandie par la méthode du « snatching » par un C-47 du *439th TCG, 91st TCS* (marquage L4 sur le fuselage). (National Archives.)

One of the few Waco gliders to be recovered in Normandy by the « snatching » method by a C-47 of 439th TCG, 91st TCS (marked L4 on the fuselage).

Glossaire et sources bibliographiques
Glossary and Bibliographical Sources

COSSAC : Chiefs of Staff, Supreme Allied Command *(Chefs d'état-major du commandement suprême allié)*
CP : Command Post *(Poste de commandement)*
DZ : Drop Zone *(Zone de parachutage)*
F/O : Flight Officer *(Officier navigant)*
FLAK : FLugabwehrkanone *(DCA allemande - German Antiaircraft Artillery)*
GIR : Glider Infantry Regiment *(Régiment d'infanterie aérotransportée)*
HKAA : Heeres-Küsten-Artillerie-Abteilung *(Groupe d'artillerie côtière de l'armée de terre allemande - German Army Coastal Artillery Group)*
HQ : Headquarters *(Quartier-général)*
LCI : Landing Craft Infantry *(Chaland de débarquement d'infanterie)*
LST : Landing Ship Tank *(Chaland de débarquement de chars)*
LZ : Landing Zone *(Zone d'atterrissage)*
MAA : Marine-Artillerie-Abteilung *(Groupe d'artillerie de la marine allemande - German marine artillery Group)*
MP : Military Police *(Police militaire)*
PFC : Private First Class *(Soldat de 1ʳᵉ classe)*
PIR : Parachute Infantry Regiment *(Régiment d'infanterie parachutiste)*
PX : Post Exchange *(Bureau de poste militaire)*
SHAEF : Supreme Headquarters, Allied Expeditionary Force *(Quartier-général suprême de la force expéditionnaire alliée)*
TCG : Troop Carrier Group *(Groupe de transport de troupes)*
TCS : Troop Carrier Squadron *(Escadre de transport de troupes)*
TCW : Troop Carrier Wing *(Escadron de transport de troupes)*

– Gerard M. Devlin, *Silent Wings,* New York : Saint Martin's Press, 1985

– Milton Dank, *Glider Gang*, Phildelphia : J.B. Lippincott, 1977.

– Martin Wolfe, *Green Light*, Phildelphia : University of Pennsylvania Press, 1989.

– Col. Charles H. Young, *Into the Valley*, Dallas : Printcomm Inc., 1995.

– Michel De Trez, *American Warriors*, Brussels : D.Day Publishing, 1994.

– Michel De Trez, *At the Point of no Return*, Brussels : D.Day Publishing, 1994.

– Clayton Bissell, *The Glider Pilot Training Program 1941 - 1943*, U.S.A.A.F., 1943.

– George F. Brennan, Edward L. Cook & David H. Trexler, *World War Two Glider Pilots*, Paducah : Turner Publishing Company, 1991.

– George E. Koskimaki, *D.Day with the Screaming Eagles*, New York : Vantage Press Inc., 1970.

– Henri-Jean Renaud, Laurent Mari, Georges Bernage & Philippe Lejuée, *Normandie 44 : Objectif Sainte-Mère-Eglise. - Jour J : les paras US*, Bayeux : Editions Heimdal, 1993

– Janet Bednarek, *Damned Fool Idea*, Air Power History, winter 1996.

– Winston G. Ramsey, *D-Day, Then and Now*, London : Battle of Britain Prints International Limited, 1995.

Avoir la maîtrise absolue d'un sujet est impossible. Aussi, je suis intéressé par tout complément d'informations ou toute remarque à propos du présent ouvrage. De plus, je suis à la recherche de pièces d'équipements, d'uniformes et de documents permettant de compléter ma collection de souvenirs militaires. Contactez-moi via internet : ESVELIN@AOL.COM ou via les Editions Heimdal.

As it is impossible to master a subject completely, I am interested in receiving further information and comments on this book. Also, I am looking for items of equipment, uniforms and documents to add to my collection of military memorabilia. I can be contacted either by email at ESVELIN@AOL.COM, or through Editions Heimdal.

Les missions de planeurs du Jour J
D-Day Glider missions

6 juin 1944
June 6, 1944

Mission *Mission*	TC. Group *TC. Group*	Objectif *Objective*	Type de planeurs *Glider types*	Aérodrome *Airfield*	Départ *Take-off*	Atterrissage *Landing*
Chicago	434th	LZ E	52 Wacos CG4-A	Aldermaston	01.19	03.54
Detroit	437th	LZ O	52 Wacos CG4-A	Ramsbury	01.29	04.04
Keokuk	434th	LZ E	32 Horsas	Aldermaston	18.30	20.53
Elmira	437th	LZ W	8 Wacos CG4-A, 18 Horsas	Ramsbury	18.40	21.04
Elmira	438th	LZ W	14 Wacos CG4-A, 36 Horsas	Greenham-Common	18.50	21.00
Elmira	436th	LZ W	2 Wacos CG4-A, 48 Horsas	Membury	20.42	22.55
Elmira	435th	LZ W	12 Wacos CG4-A, 38 Horsas	Welford	20.50	23.05

7 juin 1944
June 7, 1944

Mission *Mission*	TC. Group *TC. Group*	Objectif *Objective*	Type de planeurs *Glider types*	Aérodrome *Airfield*	Départ *Take-off*	Atterrissage *Landing*
Galveston	437th	LZ E	32 Wacos CG4-A 18 Horsas	Ramsbury	04.30	06.55
Galveston	434th	LZ E	50 Wacos CG4-A	Aldermaston	04.32	07.01
Hackensack	439th	LZ W	20 Wacos CG4-A 30 Horsas	Upottery	06.30	08.51
Hackensack	441st	LZ W	50 Wacos CG4-A	Merryfield	07.00	08.59

Marquages des escadrons de transport engagés le Jour J
Markings on transport squadrons engaged on D-Day

53rd Transport Carrier Wing

434th TCG		435th TCG		436th TCG		437th TCG		438th TCG	
71st	CJ	75th	CK	79th	S6	83rd	T2	87th	3X
72nd	CU	76th	CW	80th	7D	84th	Z8	88th	M2
73rd	CN	77th	IB	81st	U5	85th	90	89th	4U
74th	ID	78th	CM	82nd	3D	86th	5K	90th	Q7

50th Transport Carrier Wing

439th TCG		441st TCG	
91st	L4	99th	3J
92nd	J8	100th	8C
93rd	3B	301st	Z4
94th	D8	302nd	2L

6 juin 1944 : Mission « CHICAGO »
La première vague des 52 Wacos du *434th TCG*

June 6, 1944 : Mission *"CHICAGO"*
The first serial of the 52 434th TCG Wacos

Numéro du planeur *Glider number*	Pilote - co-pilote *Pilot - copilot*	Grade *Rank*	Matricule *Number*
72nd TCS			
1	Murphy, Michael C.	Lt-Colonel	O-371354
	Butler, John M.	2nd Lt	O-534921
2	Warriner, Victor B.	1st Lt	O-854071
	Kaufman, Robert B.	F/O	T-121343
3	Willoughby, Jack L.	Captain	O-292352
	Adler, Albert H.	F/O	T-123787
4	Vogel, Arthur H.	F/O	T-60934
	Wagner, Miles C.	F/O	T-124297
5	Ketchum, Remington M.	F/O	T-121427
	Baldwin, Clarence	F/O	T-1289
6	Malloy, James J.	F/O	T-60758
	Mohr, Gordon W.	F/O	T-122493
7	Hopper, Arthur W.	F/O	T-427
	Walker, Charles W.	F/O	T-124644
8	Gorman, John A.	F/O	T-121327
	Beck, Norman	F/O	T-60705
9	Murray, Paul J.	F/O	T-121367
	Barnhart, Thomas J.	F/O	T-122651
10	Laplante, Léo J.	F/O	T-60753
	Montgomery, Robert H.	F/O	T-1202
11	Lovingood, Roy C.	F/O	T-121547
	Boehm, William R.	F/O	T-394
12	Inglish, Charles H.	F/O	T-121162
	Miller, Joseph J.	F/O	T-120548
71st TCS			
13	Snyder, William	1st Lt	O-373199
	Raines, Oscar T.	F/O	T-121093
14	Hidecavage, Stanley A.	F/O	T-121530
	Falwell, E.C.	F/O	T-1310
15	Dawson, Keck R.	2nd Lt	O-674266
	Ragona, James	F/O	T-60777
16	Rinkowski, Henry J.	F/O	T-90603
	Ronan, Mark A.	F/O	T-12184
17	Phillips, Jack	F/O	T-1217
	Belding, Gerald L.	F/O	T-121212
18	Bennett, Lloyd	F/O	T-121114
	Mendes, Joseph	F/O	T-121363
19	Rubert, Arthur C.	F/O	T-122376
	Robertson, Grant W.	F/O	T-546
20	Dodd, Wyatt H.	F/O	T-123381
	Derr, Samuel	F/O	T-123380
21	Allen, David R.	F/O	T-120694
	Bauman, Harrison M.	F/O	T-1066
22	Balaska, John	F/O	T-122104
	Cannon, William R.	F/O	T-123370
23	Hicks, Forrest D.	1st Lt	O-439468
	Baker, Worth E.	F/O	T-122659
24	Lieman, Hans E.	F/O	T-12173
	Hodge, Louis P.	F/O	T-121201

Numéro du planeur *Glider number*	Pilote - co-pilote *Pilot - copilot*	Grade *Rank*	Matricule *Number*
73rd TCS			
25	Otte, John P. Winer, Robert S.	1st Lt 1st Lt	O-343311 O-419868
26	Seiple, Harvey L. Selleck, Willard P.	F/O 2nd Lt	T-60914 O-669430
27	Bunch, Harold S. Walters, George J.	F/O F/O	T-60714 T-121876
28	Putz, Adam H. Brandt, Jack L.	F/O F/O	T-121657 T-122326
29	Biggs, Tommie A. Brown, William H.	F/O F/O	T-123361 T-123366
30	Blanche, Edwin L. Brobst, Leroy	F/O F/O	T-120582 T-1100
31	Seward, Byron A. Anderson, Levi F.	F/O F/O	T-120562 T-60699
32	Bogue, Manning H. Lysek, Henry L.	F/O F/O	T-60710 T-21548
33	Gregory, Thomas W. Lancaster, Norman C.	F/O F/O	T-121588 T-121076
34	Rishel, Earl W. Brown, Charles O.	F/O F/O	T-122375 T-123364
35	Howard, John E. Davis, Thomas C.	F/O F/O	T-121668 T-121228
36	Lunday, Hance A. Bryant, Marvin	F/O F/O	T-121672 T-123367
74th TCS			
37	Kull, David J. Landers, Orville J.	1st Lt F/O	O-654721 T-121256
38	Mc Gee, James G. Bupp, Edward N. Jr	F/O F/O	T-1195 T-123368
39	VanPelt, Leslie L. West, Earl W.	2nd Lt F/O	O-521590 T-124647
40	Stull, Lee T. Griffin, Clinton	F/O F/O	T-121285 T-1148
41	Geisinger, Thomas R. Dreer, Arnold	2nd Lt F/O	O-523119 T-413
42	Morales, Irwin J. Ahmad, Thomas O.	F/O 2nd Lt	T-120550 O-533369
43	Batlan, Richard S. Parker, Thomas E.	F/O F/O	T-1085 T-60774
44	Stoner, Ronald M. Hohmann, George F.	F/O F/O	T-120750 T-792
45	Butler, Robert Hohmann, Everard H.	F/O F/O	T-748 T-122460
46	Hewson, Lenard B. Sweeney, Gordon F.	F/O F/O	T-120537 T-120566
47	Meyers, Roy B. Callahan, Herbert V.	F/O F/O	T-1197 T-123369
48	Durden, James R. Nash, William S.	F/O F/O	T-121049 T-529
49	Buckley, George E. Bruner, William G.	F/O F/O	T-1302 T-123365
50	Calvani, Torello H. Ryan, William F.	F/O F/O	T-121124 T-122431
51	Kile, Robert J. Delagarza, Richard	F/O F/O	T-121736 T-60727
52	Green, Len C. Mosley, Floyd H.	F/O F/O	T-121524 T-123424

Pilotes de planeur tués en Normandie
Glider pilots killed in Normandy

AHMAD, Thomas D. 06/06/1944.
2nd Lieutenant. 434th TCG, 74th TCS.

AIGNER, Normand Louis. 06/06/1944.
Captain. 53rd Wing, Headquarters.

ATKINSON, Thomas F. 07/06/1944.
Flight Officer. 436th TCG, 82nd TCS.

BALDWIN, Hadley Dwinell. 08/06/1944.
Flight Officer. 434th TCG, 72nd TCS.

BIRDZELL, Ivan W. 06/06/1944.
Flight Officer. 434th TCG, 72nd TCS.

BONE, Adam. 07/06/1944.
2nd Lieutenant. 436th TCG, 82nd TCS.

BUTLER, John M. 06/06/1944.
2nd Lieutenant. 434th TCG, Headquarters.

CLEMENT, Robert L. 07/06/1944.
Flight Officer. 438th TCG, 88th TCS.

CODE, Dale. 07/06/1944.
Flight Officer. 435th TCG, 77th TCS.

DARLING, Raymond. 06/06/1944.
1st Lieutenant. 438th TCG, 88th TCS.

DAVIS, Howard M. 06/06/1944.
Flight Officer. 435th TCG, 77th TCS.

DOYLE, Roderick. 06/06/1944.
Flight Officer. 438th TCG, 88th TCS.

FARMBROUGH, Edward C. 06/06/1944.
Flight Officer. 437th TCG, 86th TCS.

FORBELL, William H. 06/06/1944.
Flight Officer. 438th TCG, 88th TCS.

GRAVES, Joseph Curtis. 08/06/1944.
2nd Lieutenant. 436th TCG, 81st TCS.

GRIFFIN, Clinton H. 06/06/1944.
Flight Officer. 438th TCG, 89th TCS.

GRIFFITH, Gus T. 06/06/1944.
2nd Lieutenant. 435th TCG, 75th TCS.

HERRIAGE, Joe Willard. 06/06/1944.
1st Lieutenant. 435th TCG, 77th TCS.

HOAG, Richard M. 07/06/1944.
2nd Lieutenant. 436th TCG, 79th TCS.

HUCKLEBERRY, Willis R. 06/06/1944.
Flight Officer. 437th TCG, 83rd TCS.

JENSON, Vernon B. 07/06/1944.
Flight Officer. 436th TCG, 82nd TCS.

KEMPER, Sylvester H. 06/06/1944.
Flight Officer. 435th TCG, 78th TCS.

KIEL, Elmer J. 06/06/1944.
Flight Officer. 437th TCG, 86th TCS.

LINDSEY, Hubert W. 07/06/1944.
Flight Officer. 441st TCG, 100th TCS.

LOVING, Adrian R. 06/06/1944.
Flight Officer. 437th TCG, 86th TCS.

LUND, Normand T. 06/06/1944.
Flight Officer. 435th TCG, 78th TCS.

McCABE, William T. 06/06/1944.
Flight Officer. 435th TCG, 78th TCS.

McMILLAN, Ernest D. 06/06/1944.
2nd Lieutenant. 435th TCG, 76th TCS.

MELEKY, Joseph. 06/06/1944.
Flight Officer. 437th TCG, 86th TCS.

MERCER, Richard George. 06/06/1944.
Flight Officer. 437th TCG, 86th TCS.

METCHICAS, Jimmy Gus. 06/06/1944.
Flight Officer. 438th TCG, 88th TCS.

MYERS, Richard Stanley. 06/06/1944.
Flight Officer. 438th TCG, 88th TCS.

MILLS, John H. 06/06/1944.
Flight Officer. 438th TCG, 89th TCS.

NELSON, Verl R. 06/06/1944.
Flight Officer. 438th TCG, 89th TCS.

O'HAVER, William Patrick. 06/06/1944.
Flight Officer. 435th TCG, 78th TCS.

REED, James Marion. 07/06/1944.
Flight Officer. 435th TCG, 76th TCS.

REMBES, Vincent J. 07/06/1944.
Flight Officer. 439th TCG, 94th TCS.

SHAPIRO, Samuel B. 06/06/1944.
2nd Lieutenant. 434th TCG, 73rd TCS.

SMITH, Robert Watson. 06/06/1944.
Flight Officer. 439th TCG, 93rd TCS.

VAN HOUTEN, Ernest. 06/06/1944.
Flight Officer. 438th TCG, 88th TCS.

WALLS, John Frank. 07/06/1944.
1st Lieutenant. 436th TCG, 79th TCS.

WEISS, Robert S. 06/06/1944.
Flight Officer. 439th TCG, 93rd TCS.

WILLOUGHBY, Jack L. 06/06/1944.
Captain. 434th TCG, Headquarters.

WINKS, Ben W. 07/06/1944.
2nd Lieutenant. 436th TCG, 82nd TCS.

Le *1st Lieutenant* Howard Parks du *78th Squadron* du *435th TCG* pose le 5 juin 1944 devant son Horsa baptisé « Maja » contraction des prénoms de sa femme Mary et de son fils James. (Howard Parks/H.J. Renaud.)

1st Lieutenant Howard Parks of 78th Squadron of 435th TCG poses on June 5, 1944 in front of his Horsa named « Maja », a contraction of the names of his wife Mary and his son James.

82nd Airborne Division

101st Airborne Division

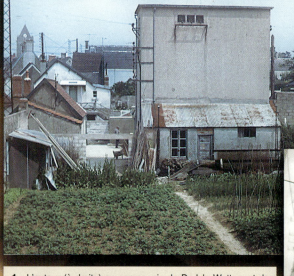

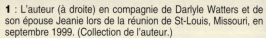

1 : L'auteur (à droite) en compagnie de Darlyle Watters et de son épouse Jeanie lors de la réunion de St-Louis, Missouri, en septembre 1999. (Collection de l'auteur.)

Un Waco écrasé sur le transformateur électrique de Sainte-Mère-Eglise. Le même endroit en juillet 1970. (Len Lebenson.)

1 : The author (on the right) with Darlyle Watters and his wife Jeanie at the meeting in St-Louis, Missouri, in September 1999.

This Waco crashed on the Sainte-Mère-Eglise electricity transformer. The same spot in July 1970.

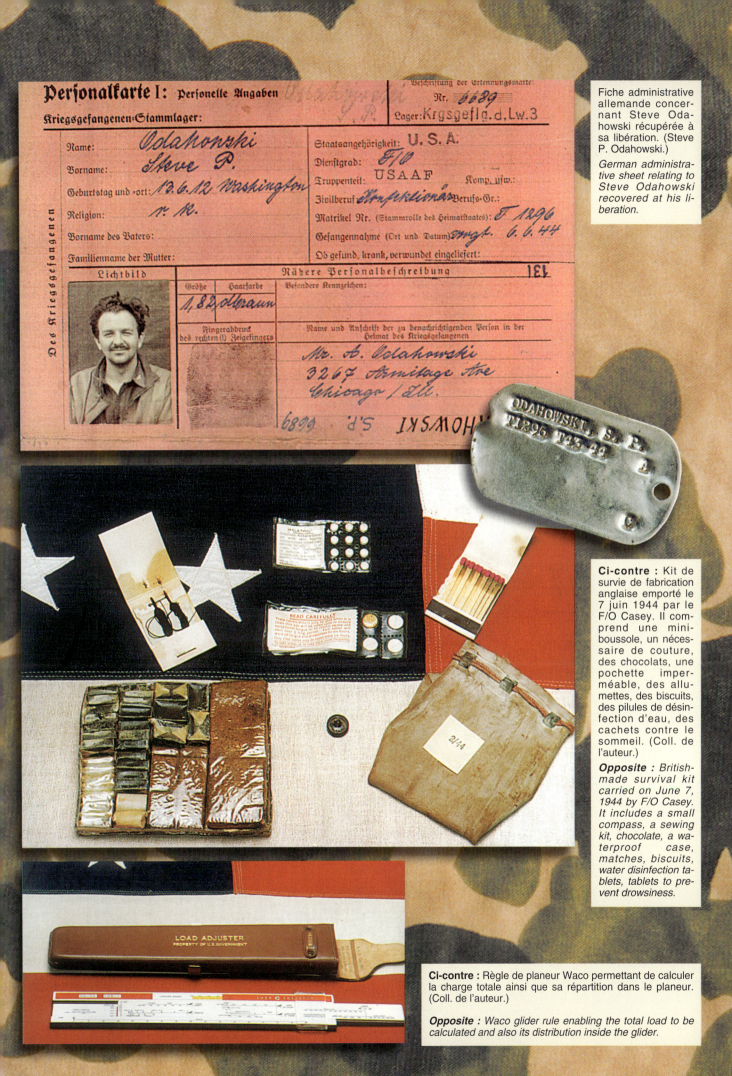

Personalkarte I: Personelle Angaben

Beschriftung der Erkennungsmarke: Nr. **6689**
Lager: **Krsgsgefg.d.Lw.3**

Kriegsgefangenen-Stammlager:

Name: *Odahowski*

Staatsangehörigkeit: **U.S.A.**

Vorname: *Steve P.*

Dienstgrad: *F/O*

Geburtstag und -ort: *13.6.12 Washington*

Truppenteil: *USAAF* Komp. usw.:

Religion: *r. k.*

Zivilberuf: *Konfektionär* Berufs-Gr.:

Matrikel Nr. (Stammrolle des Heimatstaates): *T 1296*

Vorname des Vaters:

Gefangennahme (Ort und Datum): *Mgt. 6.6.44*

Familienname der Mutter:

Ob gesund, krank, verwundet eingeliefert:

Lichtbild

Größe | Haarfarbe
1,82 | *dblbraun*

Nähere Personalbeschreibung

Besondere Kennzeichen:

Fingerabdruck des rechten (l) Zeigefingers

Name und Anschrift der zu benachrichtigenden Person in der Heimat des Kriegsgefangenen

Mr. A. Odahowski
3267 Armitage Ave
Chicago / Jll.

Fiche administrative allemande concernant Steve Odahowski récupérée à sa libération. (Steve P. Odahowski.)

German administrative sheet relating to Steve Odahowski recovered at his liberation.

Ci-contre : Kit de survie de fabrication anglaise emporté le 7 juin 1944 par le F/O Casey. Il comprend une mini-boussole, un nécessaire de couture, des chocolats, une pochette imperméable, des allumettes, des biscuits, des pilules de désinfection d'eau, des cachets contre le sommeil. (Coll. de l'auteur.)

Opposite : British-made survival kit carried on June 7, 1944 by F/O Casey. It includes a small compass, a sewing kit, chocolate, a waterproof case, matches, biscuits, water disinfection tablets, tablets to prevent drowsiness.

Ci-contre : Règle de planeur Waco permettant de calculer la charge totale ainsi que sa répartition dans le planeur. (Coll. de l'auteur.)

Opposite : Waco glider rule enabling the total load to be calculated and also its distribution inside the glider.

Fabriqué par la société Douglas corporation, le C-47 fut testé dès décembre 1935, mais ce n'est que fin 1941 qu'il fut commandé en masse par les *US Army Air Forces*. Bien qu'il ne soit pas équipé d'armement permettant sa protection en vol, l'utilisation du C-47 ne fut jamais remise en cause du fait de sa robustesse à toute épreuve. Le C-47 ci-dessus porte le marquage « 3 D » correspondant au *436th TCG, 82nd TCS* basé à Membury. Le 6 juin 1944, le *436th TCG* remorqua 2 Wacos et 48 Horsas pour la mission « Elmira » jusqu'à la LZ W. Comme sur cet appareil baptisé « Damn Yankee » (sacré Yankee), il était très courant que les avions soient ornés d'inscriptions ou de dessins humoristiques ou baptisés par leurs équipages. Après la guerre, le C-47 fut utilisé sous le nom de DC3 pendant plusieurs décennies par des dizaines de compagnies aériennes civiles dans le monde entier.

Built by the Douglas corporation, the C-47 was first tested in December 1935, but it was not until late in 1941 that it was ordered in large numbers by the US Army Air Forces. Although not equipped with armor to protect it during flight, owing to its exceptional sturdiness the C-47 was never called into question. The C-47 above is marked "3D", corresponding to 436th TCG, 82nd TCS based at Membury. On June 6, 1944, for Mission "Elmira", 436th TCG towed 2 Wacos and 48 Horsas to LZ W. It was very common for planes to be decorated with inscriptions or cartoons or christened by the crew, as with "Damn Yankee" here. After the war the C-47, renamed the DC3, was used for several decades by dozens of civilian airlines the world over.

(Profil : V. Dhorne/Heimdal.)

Ci-dessous : Conçu par la société Weaver Aircraft Company (Waco), le CG4 fut fabriqué à 13 909 exemplaires et fut utilisé par les Américains pour toutes les opérations aéroportées de la Deuxième Guerre mondiale. Comme tous les appareils alliés engagés le 6 juin 1944, ce Waco a reçu les bandes d'identification noires et blanches (dites « d'invasion ») qui ont été apposées quelques jours seulement avant le Jour J.

Below: 13,909 of the CG4A, designed by the Weaver Aircraft Company (WACO), were built and used by the Americans for all World War Two airborne operations. Like all the Allied aircraft engaged on June 6, 1944, this Waco is identified by black and white "invasion" stripes painted on it just days before D-Day.

(Profil : V. Dhorne/Heimdal.)

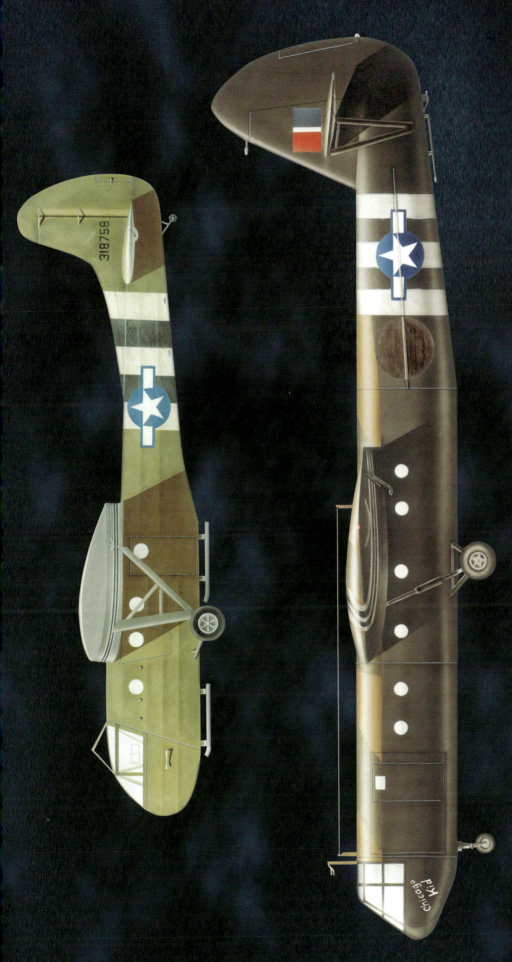

The Airspeed Horsa AS 51 could carry a great deal more men and equipment than the Waco, which is why the Americans used this British glider as well. On the whole, US pilots preferred the Waco, which was less imposing and easier to handle than the Horsa. The most prestigious assignment in which the Horsas were involved was the capture of the bridges over the Orne river and the Caen ship canal at dawn on June 6, 1944, on the other flank of the assault zone. Landing only a few dozen metres of the bridge, the British troops captured it very quickly. This profile shows the Horsa piloted on June 6, 1944 by F/O Steve Odahowski of 434th TCG, 71st TCS for Mission "Keokuk". He had painted "CHICAGO KID" on the nose of his glider, describing himself. (Profil: V. Dhorne/Heimdal.)

Le Airspeed Horsa AS 51 permettait de transporter beaucoup plus d'hommes et de matériel que le Waco et c'est pourquoi les Américains utilisèrent ce planeur britannique en complément. En règle générale,les pilotes américains préféraient le Waco, moins imposant et plus maniable que le Horsa. La mission la plus prestigieuse à laquelle participèrent les Horsas fut la prise des ponts sur l'Orne et le canal de Caen à la mer à l'aube du 6 juin 1944, de l'autre côté de la zone d'assaut. Arrivés à quelques dizaines de mètres seulement du pont, les soldats anglais s'en emparèrent très rapidement. Ce profil représente le Horsa piloté le 6 juin 1944 par le F/O Steve Odahowski du 434th TCG, 71st TCS pour la mission « Keokuk ». Originaire de Chicago, il avait peint sur le nez de son planeur la mention « CHICAGO KID ».

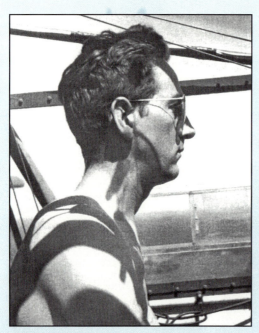

Dale Oliver, pilote de planeur et artiste

Dale Oliver est né au Kansas en 1920, et a grandi dans une ferme près d'Emporia. Attiré très tôt par le dessin, il poursuit ses études d'Art au « Bethany College » de Lindsborg et continue de parfaire son talent. En mars 1942, il entre dans l'armée et intègre le *Glider training program* quelques mois plus tard. Il reçoit ses « Glider wings » à Dalhart au Texas en décembre de la même année. Il part pour l'Angleterre en novembre 1943 avec le *43th TGC, 73rd TCS*. Le 7 juin 1944, il prend part à l'opération « Neptune » en transportant dans son Waco un canon anti-tank et trois artilleurs de la *82nd Airborne* sur la LZ W. Il participe aussi aux opérations « Market-Garden » en septembre 1944 et « Varsity » en mars 1945. Tout au long de la guerre, Dale dessina de nombreuses scènes de la vie quotidienne d'un escadron. Le style humoristique de ses dessins le rendirent très populaire auprès de ses camarades. Du fait de son grand talent, il entra après-guerre aux Studios Walt Disney où il resta pendant 35 ans, travaillant notamment sur « Robin des Bois », « Cendrillon » et « Les 101 Dalmatiens ». Aujourd'hui, Dale Oliver coule une paisible retraite en Californie et participe régulièrement aux réunions annuelles des anciens pilotes de planeurs.

Dale Oliver, glider pilot and artist

Dale Oliver was born in Kansas in 1920, and grew up on a ranch near Emporia. He very soon became interested in drawing, studying art at Bethany College, Lindsborg, and continuing to develop his gift. In March 1942, he joined the army and a few months later joined the Glider training program. He received his « Glider wings » at Dalhart Texas in December of that same year. He left for England in November 1943 with 434th TCG, 73rd TCS. On June 7, 1944, he took part in Operation Neptune in his Waco, taking an anti-tank gun and three artillerymen of 82nd Airborne to LZ W. He also took part in Operation Market-Garden in September 1944 and Operation Varsity in March 1945. Throughout the war, Dale drew many scenes of the everyday life of a squadron. The humorous style of his drawings made him very popular with his friends. His talent was such that after the war he joined the Walt Disney Studios where he stayed for 35 years, working in particular on « Robin Hood », « Cinderella » and « The 101 Dalmatians ». Today, Dale Oliver is enjoying a quiet retirement in California and regularly attends the veteran glider pilots' annual reunions.

Achevé d'imprimer sur les presses de l'imprimerie PAC
mars 2001